レンズが撮らえた
オックスフォード大学所蔵
幕末明治の日本

フィリップ・グローヴァー 著
三井圭司 編

山川出版社

レンズが撮らえた
オックスフォード大学所蔵 幕末明治の日本

contents

巻頭 収集された幕末日本の初期写真 フィリップ・グローヴァー ……… 4

ピット・リヴァース博物館 日本関係初期写真集 ……… 17

- 松平康直（左）と京極高朗（右) ……… 18
- 福沢諭吉 I ……… 20
- 福沢諭吉 II ……… 21
- 野沢郁太 ……… 22
- 原覚蔵 ……… 23
- 池田長発 I ……… 24
- 池田長発 II ……… 25
- 田辺太一 I ……… 26
- 田辺太一 II ……… 27
- 田中廉太郎 I ……… 28
- 田中廉太郎 II ……… 29
- 田中廉太郎 III ……… 30
- 西吉十郎 ……… 31
- 堀江六五郎 ……… 32
- 谷津勘四郎 ……… 33
- 大関半之助 I ……… 34
- 大関半之助 II ……… 35
- 高木留三郎 I ……… 36
- 高木留三郎 II ……… 37
- 乙骨亘 I ……… 38
- 乙骨亘 II ……… 39
- 内田恒次郎 I ……… 40
- 内田恒次郎 II ……… 41
- すみ ……… 42
- 徳川慶喜 ……… 43
- 黒頭巾の男 ……… 44
- 陣笠を持った男 ……… 45

- 茶屋の娘たち ……… 80
- 桜の花 ……… 81
- 宿屋 ……… 82
- 伊香保 ……… 83
- 田植え ……… 84
- 強力 ……… 85
- 就寝 ……… 86
- 判決による腹切り ……… 87
- 将軍と家臣 ……… 88
- 花売り ……… 89
- 生け花の稽古 ……… 90
- 富士巡礼 ……… 91
- 木綿糸紡ぎ ……… 92
- 囲碁 ……… 93
- 蓑姿 ……… 94
- 大名と家臣 ……… 95
- 髪結い ……… 96
- 4人の美女 ……… 97
- 老いた男女 I ……… 98
- 老いた男女 II ……… 99
- 庭園 ……… 100
- 亀戸天神社 ……… 101
- 上野公園 ……… 102
- 桜並木 ……… 103
- 堀切菖蒲園 ……… 104
- 慈照寺 ……… 105
- 舟形松 ……… 106
- 六角堂 ……… 107
- 西大谷寺境内 ……… 108
- 清水寺近辺の店 ……… 109

- 中庭で撮られた、茶の入ったふるいや笊を手にした男性5人 ……… 142
- 玉繭の選り分け ……… 143
- 絹糸紡ぎ ……… 144
- 亀戸天神の太鼓橋 ……… 145
- 横浜弁天通り ……… 146
- 和船 ……… 147
- コオロギ売り ……… 148
- 慈照寺 ……… 149
- 八坂神社 ……… 150
- 家の前の家族 ……… 152
- 2人の男 ……… 153
- 熊追い ……… 154
- 熊追いの2人 ……… 155
- 三ツ沢貝塚の発掘 ……… 156
- 酒船石 ……… 157
- 亀石 I ……… 158
- 亀石 II ……… 159
- 石舞台古墳 ……… 160
- 墓地遺跡と青年 ……… 161
- 土偶 ……… 162
- 遮光器土偶 ……… 163
- 縄文土器 ……… 164
- 壺 ……… 165
- 埴輪 ……… 166
- 剣の柄頭 ……… 167
- 古墳時代の副葬品 ……… 168
- 古墳時代の陶器 ……… 169
- 竪穴式住居 ……… 170

火消装束	46
托鉢僧	47
大型帆船	48
木材置き場	50
大八車と車力	51
集合写真	52
右写真の台紙裏	53
雑技団の一員	54
雑技団の若者	55
雑技団のポートレート	56
雑技団の少女I	58
雑技団の少女II	59
日本人の男性1人、女性2人と子ども1人の立ち姿のスタジオポートレート	60
書く男	62
鎧姿の男	63
座る女性	64
若い女性7人	65
入墨の男	66
琴を弾く女	67
人力車	68
扇子を手にする女性	70
若い女性I	71
若い女性II	72
若い女性III	73
若い女性IV	74
若い女性V	75
渡し舟	76
依田橋	77
藤棚	78
休憩所	79

清水寺境内	110
四条大橋	111
茶を摘む女性たち	112
田植え	113
神戸の大仏	114
生田神社参道	116
石山寺境内	117
春日大社参道	118
滝野川公園	119
住吉大社境内の住吉反橋	120
中山道の藤棚	121
茶屋	122
箱根富士屋ホテル	123
京都祇園	124
京都円山	125
橿原神社	126
宗吾霊堂	127
巡礼者	128
巡礼者写真の台紙裏	129
三味線を弾く女性	130
駕籠かき	131
煙管を吸う女	132
鎧姿のハーバート・サミュエル・トムスI	134
鎧姿のハーバート・サミュエル・トムスII	135
初荷の行列	136
潮干狩り	137
西の市	138
収穫する女性たち	139
稲扱き	140
茶壺と少年	141

アイヌの建築物	171
人力車と車力	172
九段の市	173
九段の相撲	174
皇城の石垣	175
名古屋城	176
遍路の男	177
大坂城西の丸坤櫓	178
大坂城西の丸坤櫓と乾櫓	179
大坂城城壁	180
道頓堀	181
ちょんまげ姿の男	182
唐津くんち	183
唐津城遠望	184
唐津城石垣	185
石炭運び	186
停泊中の帆船	187
鎌倉大仏	188
日英博覧会のアイヌ	190
アイヌの村	191
挨拶する2人	192
アイヌ村の集合写真	193
河口湖の湖畔に繋がれたボート	194
レディ・ノーサンプトンと日本人	195
オックスフォード大学所蔵の日本関係初期写真について	196
外国人カメラマンのプロフィール	207

編集協力／有限会社リゲル社・道倉健二郎
翻訳／碓井千鶴　校正／笹川智恵子
装幀／グラフ

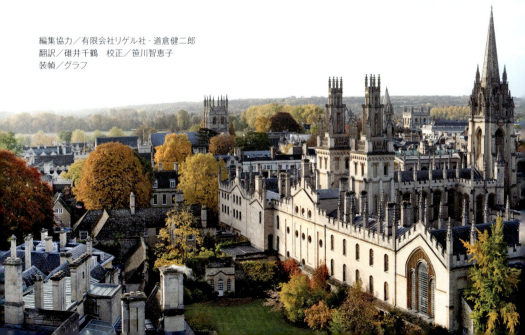

収集された幕末日本の初期写真

オックスフォード大学附属博物館のピット・リヴァース・コレクション

フィリップ・グローヴァー　オックスフォード大学　ピット・リヴァース博物館
Philip Grover

ピット・リヴァース博物館とは

世界有数の人類学と考古学のコレクションを誇るピット・リヴァース博物館は、考古学の父のひとりである軍人ピット・リヴァースがオックスフォード大学に寄贈したコレクションを基盤として、一八八四（明治十七）年に創設された。

ピット・リヴァース博物館は世界をリードし、そして最も人気のある博物館に名を連ねている。人類の偉業に対する驚異を感じさせるヴィクトリアン調の重厚な展示で知られており、現在主流となっている地理的あるいは歴史・時代的な観点の分類ではなく、類型学的に──つまり、物の種類ごとに──展示が構成されている。

このようなことから、組織の歴史という意味においては、ピット・リヴァース博物館は、解釈と展示という二重の課題における第一人者として〝博物館の博物館〟と称されることもある。

今日、ピット・リヴァース博物館は十分に裏付け調査された三〇万点を超える収蔵品（物）を活かし、教育と調査の最先端を牽引している。その活動は、長年に渡る地元コミュニティーに対する取り組みから、展示室や展示へのアーティストの介入といった多様なパブリック・プログラムまで、多種多様なプロジェクトを展開し

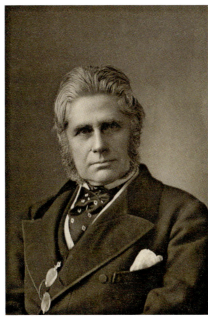

ピット・リヴァース
(オックスフォード大学提供)

ピット・リヴァース博物館内観 (オックスフォード大学提供)
中央広間の東側に向かって撮影。撮影：アルフレッド・ロビンソン、1901年頃。

ピット・リヴァース博物館3階回廊（オックスフォード大学提供）
南側から西に向かって撮影。写真中央には、博物館の初代キュレーターであるヘンリー・バルフォアが座っている。撮影：アルフレッド・ロビンソン、1900年頃。

また、来場者向けの展示はされていないが、ピット・リヴァース博物館はかなりの量の写真も所蔵している。現在、一八五〇年代からの世界各地の作品を所蔵し、その数は二五万点を超える。博物館の創設時から現在に至るまで写真の収集を続けており、今や人類学者のフィールドワークのコレクションが加わり、さらに幅広くなった所蔵作品は、裏付け調査にも重点をおいているため、リサーチに最適である。

ピット・リヴァース博物館のコレクションとして、日本の写真も相当数かつ重要な写真を所蔵している。世界最大規模でも最も幅広いわけでもないが、それでも、なかには非常に初期の写真や、大変珍しい写真など、他の組織では見られないものも含まれている。

よって、この本では、幕末から明治にかけての重要な写真素材を重点的に紹介している。その多くはピット・リヴァース博物館の歴史のなかでは初期にあたる時期に収集された。つまり、日本が鎖国を解き私たちの国々との交流が生まれていたが、二つの大戦によって再びその

ピット・リヴァース博物館内観（オックスフォード大学提供）
現在の内観。撮影：マルコム・オスマン

交流が失われる前の時代である。筆者が現在取り組んでいる調査と素材のデジタル化の成果として、本書は貴重な歴史的写真を、日本の読者に初めて紹介するものである。

収集された幕末日本の初期写真

凝った装飾が施された写真アルバム

「Views & Costumes of Japan（日本の風景と衣装）」と題された、横浜のアドルフォ・ファルサーリ・スタジオの写真アルバム。高価な土産物らしく、表紙には凝った装飾が施されている。写真アルバム、29.2 × 37.0 cm（アルバムサイズ）。寄贈者：1909 年にアルフレッド・アーネスト・ディキンソンとセシリー・フランシス・ディキンソンが購入、その後 1989 年に C・メアリー・ジュエル＝ジャンセンよりピット・リヴァース博物館に寄贈。

ファルサーリ・スタジオの写真アルバムの扉
「A.Farsari & Co., Yokohama（アドルフォ・ファルサーリ、横浜）」と書かれているアドルフォ・ファルサーリ・スタジオの写真アルバム。タイトルページと鶏卵紙に手彩色を施した50枚の写真から成り、さまざまな「Views & Costumes of Japan（日本の風景と衣装）」を紹介している。写真アルバム、29.2×37.0 cm（アルバムサイズ）；27.5×34.0 cm（アルバムのページサイズ）。寄贈者：1909年にアルフレッド・アーネスト・ディキンソンとセシリー・フランシス・ディキンソンが購入、その後1989年にC・メアリー・ジュエル＝ジャンセンよりピット・リヴァース博物館に寄贈。

ジョン・コール・ハートランド撮影の写真アルバム
1899年頃にジョン・コール・ハートランドが横浜あたりで撮影した写真のアルバム。とくに、さまざまな農作物の栽培や収穫の様子をとらえている。写真アルバム、26.2×32.6 cm（アルバムおよびページサイズ）。寄贈者：1990年にアシュモレアン博物館（東洋美術部門）よりピット・リヴァース博物館に寄贈。

ジョン・コール・ハートランド撮影の写真アルバム
ジャック=フィリップ・ポトーがパリで撮影した、第一回遣欧使節団に参加した福澤諭吉（左）と野沢郁太(右)のポートレイト。鶏卵紙、19.0 × 13.3 cm / 19.1 × 13.2 cm（イメージサイズ、左 / 右）；34.5 × 26.3 cm / 34.6 × 26.4cm（全体サイズ、左 / 右）。寄贈者: 1951 年にハーバート・ヘンリー・コフランより寄贈。

11　収集された幕末日本の初期写真

明治時代の写真アルバムを検査している著者

金閣寺として知られる鹿苑寺
ガラスネガ撮影（ドライプレート）
1909 年。

2人の老女の手彩色写真
1870年代中頃（1879年以前）。

手彩色で彩られたスタジオ写真
1870年代中頃（1879年以前）。1930年代にヘンリー・バルフォアがまとめた教本より。

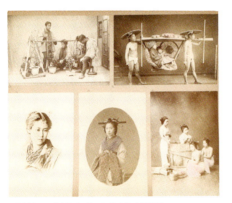

手彩色で彩られたスタジオ写真
1870〜1890年代頃。

大阪道頓堀の人びと 「Around the World through the Stereoscope（ステレオスコープ越しの世界）」より。

13　収集された幕末日本の初期写真

ジョン・コール・ハートランド撮影の写真アルバム　茶を摘む人びと。1899年頃。

アイヌ建築の外観および内観
1930年代にヘンリー・バルフォアがまとめた教本より。

大和遺跡の墓所 1930年代にヘンリー・バルフォアがまとめた教本より。1905年頃撮影。

カール・ヴィクトル・ダマン・スタジオ撮影の写真アルバム
日本人のスタジオポートレイトやその他の写真。1860〜1870年代初頭に撮影。
1930年代にヘンリー・バルフォアがまとめた教本より。

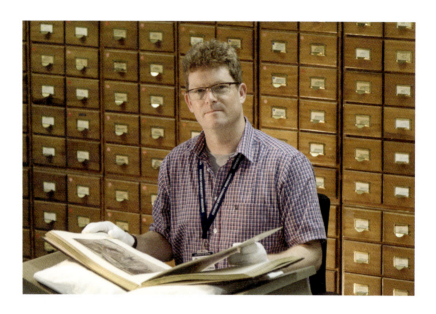

フィリップ・グローヴァー　Philip Grover

オックスフォード大学ピット・リヴァース博物館で写真だけでなく手記や写本などの原稿コレクションも担当する学芸員。オックスフォード大学セイント・アンズ・カレッジやロンドン大学歴史学研究所の特別研究員（フェローシップ）を務めた。冒険家ウィルフレッド・セシジャー研究の第一人者であり、近年の主要な2つの展覧会、フォックス・タルボット写真博物館「ウィルフレッド・セシジャーのイラク（Wilfred Thesiger's Iraq）」およびピット・リヴァース博物館「アフリカのウィルフレッド・セシジャー（Wilfred Thesiger in Africa）」において共同でキュレーションを行う。『オックスフォード英国人名辞典（Oxford Dictionary of National Biography）』への寄稿や、キャロリン・ドレイクやマグナム・フォトのピーター・マローや、遣欧使節の写真を撮影したことで知られるフランスのジャック＝フィリップ・ポトーの写真展のキュレーションなど、これまで幅広く写真について出版・発表している。近著に『Wilfred Thesiger in Africa』（ハーパーコリンズ、2010年、共同編集）がある。

日本関係初期写真集

オックスフォード大学
ピット・リヴァース博物館

ピット・リヴァース・コレクション

松平康直(左)と京極高朗(右)

松平康直(松平石見守)と京極高朗(京極能登守)が共に大刀と脇差を佩いた正装で撮影されたスタジオポートレイト。文久二(1862)年の第一回遣欧使節団(竹内使節団)として欧州に渡り、松平は副使、京極は監視役・観察役(「目付」と呼ばれる、公に諜報活動を行う役職)を務めた。
写真家名:マーシャル・ミルトン・ミラー・スタジオ(香港)
撮影場所:香港
撮影日:1862年
素材タイプ:鶏卵紙、12.8 × 9.6 cm(イメージサイズ)、13.7 × 9.7 cm(全体サイズ)
寄贈者:1901年にピット・リヴァース博物館がダーマン・エステートから購入。

福澤諭吉 I
蘭語と英語の翻訳方として第一回遣欧使節団に参加した福澤諭吉。脇差（短刀）を佩いている。
写真家名：ジャック＝フィリップ・ポトー
撮影場所：フランス、パリ
撮影日：1862 年
素材タイプ：鶏卵紙、19.0 × 13.3 cm（イメージサイズ）；34.5 × 26.3 cm（全体サイズ）
寄贈者：1951 年にハーバード・ヘンリー・コフラン（ニューベリ、ボロー博物館）からピット・リヴァース博物館に寄贈。

福澤諭吉 II
福澤諭吉を横からも撮影し、立体的にその姿を理解しようとしたことがわかる。
写真家名：ジャック＝フィリップ・ポトー
撮影場所：フランス、パリ
撮影日：1862 年
素材タイプ：鶏卵紙、19.2 × 13.4 cm（イメージサイズ）；34.5 × 26.4 cm（全体サイズ）
寄贈者：1951 年にハーバード・ヘンリー・コフラン（ニューベリ、ボロー博物館）からピット・リヴァース博物館に寄贈。

野沢郁太

副使に任命された松平康直の従者として第一回遣欧使節団に参加した野沢郁太。紋付の正装の着物を纏い、大小（大刀と脇差）を佩いている。
写真家名：ジャック＝フィリップ・ポトー
撮影場所：フランス、パリ
撮影日：1862 年
素材タイプ：鶏卵紙、19.1 × 13.2 cm（イメージサイズ）；34.6 × 26.4 cm（全体サイズ）
寄贈者：1951 年にハーバード・ヘンリー・コフラン（ニューベリ、ボロー博物館）からピット・リヴァース博物館に寄贈。

原覚蔵
第一回遣欧使節団に従者として参加した原覚蔵。正装の着物を纏い、大小(大刀と脇差)を佩いている。
写真家名:ジャック=フィリップ・ポトー
撮影場所:フランス、パリ
撮影日:1862年
素材タイプ:鶏卵紙、19.4 × 13.4 cm(イメージサイズ);34.6 × 26.3 cm(全体サイズ)
寄贈者:1951年にハーバード・ヘンリー・コフラン(ニューベリ、ボロー博物館)からピット・リヴァース博物館に寄贈。

池田長発 I
池田筑後守としても知られる侍、池田長発は元治元(1864)年に遣欧使節団を率いてフランスを訪問。紋付の裃を纏い、大小(大刀と脇差)を佩いている。
写真家名:ジャック=フィリップ・ポトー
撮影場所:フランス、パリ
撮影日:1864年
素材タイプ:鶏卵紙、21.5 × 16.7 cm(イメージサイズ);34.4 × 26.7 cm(全体サイズ)
寄贈者:1951年にハーバード・ヘンリー・コフラン(ニューベリ、ボロー博物館)からピット・リヴァース博物館に寄贈。

池田長発 II
紋付の正装の着物を纏い、大小（大刀と脇差）を佩いている。
写真家名：ジャック＝フィリップ・ポトー
撮影場所：フランス、パリ
撮影日：1864 年
素材タイプ：鶏卵紙、19.1 × 14.0 cm（イメージサイズ）；34.3 × 26.9 cm（全体サイズ）
寄贈者：1951 年にハーバード・ヘンリー・コフラン（ニューベリ、ボロー博物館）からピット・リヴァース博物館に寄贈。

ピット・リヴァース・コレクション

田辺太一 I
外国奉行（第一秘書官）として元治元（1864）年の第二回遣欧使節団に参加し、フランスに渡った34歳の田辺太一。正装の着物を纏い、大小（大刀と脇差）を佩いている。
写真家名：ジャック＝フィリップ・ポトー
撮影場所：フランス、パリ
撮影日：1864年
素材タイプ：鶏卵紙、18.2 × 13.0 cm（イメージサイズ）；34.2 × 26.8 cm（全体サイズ）
寄贈者：1951年にハーバード・ヘンリー・コフラン（ニューベリ、ボロー博物館）からピット・リヴァース博物館に寄贈。

田辺太一Ⅱ
福澤同様、側面からも撮影することで日本人の風俗を立体的に理解しようとする姿勢がうかがえる。
写真家名：ジャック＝フィリップ・ポトー
撮影場所：フランス、パリ
撮影日：1864年
素材タイプ：鶏卵紙、18.2 × 13.2 cm（イメージサイズ）；34.1 × 26.7 cm（全体サイズ）
寄贈者：1951年にハーバード・ヘンリー・コフラン（ニューベリ、ボロー博物館）からピット・リヴァース博物館に寄贈。

田中廉太郎 I
外交官（副秘書官）として元治元（1864）年の第二回遣欧使節団に参加し、フランスに渡った 37 歳の田中廉太郎。紋付の正装の着物を纏い、大小（大刀と脇差）を佩いている。
写真家名：ジャック＝フィリップ・ポトー
撮影場所：フランス、パリ
撮影日：1864 年
素材タイプ：鶏卵紙、19.2 × 13.7 cm（イメージサイズ）；34.1 × 26.8 cm（全体サイズ）
寄贈者：1951 年にハーバード・ヘンリー・コフラン（ニューベリ、ボロー博物館）からピット・リヴァース博物館に寄贈。

田中廉太郎 II
側面から撮影された田中廉太郎。
写真家名：ジャック=フィリップ・ポトー
撮影場所：フランス、パリ
撮影日：1864 年
素材タイプ：鶏卵紙、18.0 × 13.2 cm（イメージサイズ）；34.1 × 26.8 cm（全体サイズ）
寄贈者：1951 年にハーバード・ヘンリー・コフラン（ニューベリ、ボロー博物館）からピット・リヴァース博物館に寄贈。

田中廉太郎Ⅲ

外交官（副秘書官）として元治元（1864）年の第二回遣欧使節団に参加し、フランスに渡った37歳の田中廉太郎。古式の伝統的な着物を纏い、大小（大刀と脇差）を佩いている。フランスにこのような装束を持参していたことからも、日本の風俗を誇りを持って伝える意識が感じられる。
写真家名：ジャック＝フィリップ・ポトー
撮影場所：フランス、パリ
撮影日：1864年
素材タイプ：鶏卵紙、18.1 × 12.4 cm（イメージサイズ）；34.1 × 26.7 cm（全体サイズ）
寄贈者：1951年にハーバード・ヘンリー・コフラン（ニューベリー、ボロー博物館）からピット・リヴァース博物館に寄贈。

西吉十郎

蘭語の翻訳方として元治元(1864)年の第二回遣欧使節団に参加し、フランスに渡った37歳の西吉十郎。古式の伝統的な着物を纏い、大小(大刀と脇差)を佩いている。
写真家名：ジャック＝フィリップ・ポトー
撮影場所：フランス、パリ
撮影日：1864年
素材タイプ：鶏卵紙、19.1 × 12.3 cm (イメージサイズ)；34.1 × 26.7 cm (全体サイズ)
寄贈者：1951年にハーバード・ヘンリー・コフラン(ニューベリ、ボロー博物館)からピット・リヴァース博物館に寄贈。

堀江六五郎
小人目付として元治元(1864)年の第二回遣欧使節団に参加し、フランスに渡った37歳の堀江六五郎。袴を纏い、大小(大刀と脇差)を佩いて腰掛けている。
写真家名:ジャック=フィリップ・ポトー
撮影場所:フランス、パリ
撮影日:1864年
素材タイプ:鶏卵紙、18.3 × 12.4 cm (イメージサイズ); 34.2 × 26.7 cm (全体サイズ)
寄贈者:1951年にハーバード・ヘンリー・コフラン(ニューベリ、ボロー博物館)からピット・リヴァース博物館に寄贈。

谷津勘四郎

小人目付として第二回遣欧使節団に参加し、フランスに渡った31歳の谷津勘四郎。紋付の正装の着物を纏い、大小（大刀と脇差）を佩いている。
写真家名：ジャック＝フィリップ・ポトー
撮影場所：フランス、パリ
撮影日：1864年
素材タイプ：鶏卵紙、20.0 × 13.2 cm（イメージサイズ）；34.4 × 26.8 cm（全体サイズ）
寄贈者：1951年にハーバード・ヘンリー・コフラン（ニューベリ、ボロー博物館）よりピット・リヴァース博物館に寄贈。

大関半之助 I
副使に任命された河津伊豆守の従者として第二回遣欧使節団に参加し、フランスに渡った40歳の大関半之助。紋付の正装の着物を纏い、大小(大刀と脇差)を佩いている。
写真家名:ジャック=フィリップ・ポトー
撮影場所:フランス、パリ
撮影日:1864年
素材タイプ:鶏卵紙、19.3 × 13.7 cm(イメージサイズ);34.5 × 26.7 cm(全体サイズ)
寄贈者:1951年にハーバード・ヘンリー・コフラン(ニューベリ、ボロー博物館)からピット・リヴァース博物館に寄贈。

大関半之助 II
側面から撮影された大関半之助。
写真家名：ジャック＝フィリップ・ポトー
撮影場所：フランス、パリ
撮影日：1864 年
素材タイプ：鶏卵紙、18.4 × 13.7 cm（イメージサイズ）；34.5 × 26.7 cm（全体サイズ）
寄贈者：1951 年にハーバード・ヘンリー・コフラン（ニューベリ、ボロー博物館）からピット・リヴァース博物館に寄贈。

高木留三郎 I
目付に任命された河田相模守の従者として第二回遣欧使節団に参加し、フランスに渡った27歳の高木留三郎。正装の着物（紋付）を纏い、大小（大刀と脇差）を佩いている。
写真家名：ジャック＝フィリップ・ポトー
撮影場所：フランス、パリ
撮影日：1864年
素材タイプ：鶏卵紙、18.6 × 13.2 cm（イメージサイズ）；34.2 × 26.7 cm（全体サイズ）
寄贈者：1951年にハーバード・ヘンリー・コフラン（ニューベリ、ボロー博物館）からピット・リヴァース博物館に寄贈。

高木留三郎 II
立ち姿の高木留三郎。
写真家名:ジャック＝フィリップ・ポトー
撮影場所:フランス、パリ
撮影日:1864 年
素材タイプ:鶏卵紙、19.0 × 12.2 cm（イメージサイズ）；34.5 × 26.7 cm（全体サイズ）
寄贈者:1951 年にハーバード・ヘンリー・コフラン（ニューベリ、ボロー博物館）からピット・リヴァース博物館に寄贈。

乙骨亘 I

理髪師として第二回遣欧使節団に参加し、フランスに渡った 17 歳の乙骨亘。正装の着物を纏い、大刀を佩いている。

写真家名：ジャック＝フィリップ・ポトー
撮影場所：フランス、パリ
撮影日：1864 年
素材タイプ：鶏卵紙、18.2 × 13.3 cm（イメージサイズ）；34.5 × 26.7 cm（全体サイズ）
寄贈者：1951 年にハーバード・ヘンリー・コフラン（ニューベリ、ボロー博物館）からピット・リヴァース博物館に寄贈。

乙骨亘 Ⅱ
乙骨亘の横顔姿。
写真家名：ジャック=フィリップ・ポトー
撮影場所：フランス、パリ
撮影日：1864 年
素材タイプ：鶏卵紙、16.6 × 13.2 cm（イメージサイズ）；34.5 × 26.7 cm（全体サイズ）
寄贈者：1951 年にハーバード・ヘンリー・コフラン（ニューベリ、ボロー博物館）からピット・リヴァース博物館に寄贈。

内田恒次郎 I
オランダに駐留していた日本艦隊の館長。シャツの上に和服を纏い、大小（大刀と脇差）を佩いている。
写真家名：ジャック＝フィリップ・ポトー
撮影場所：フランス、パリ
撮影日：1864 年
素材タイプ：鶏卵紙、19.8 × 13.8 cm（イメージサイズ）；34.6 × 26.8 cm（全体サイズ）
寄贈者：1951 年にハーバード・ヘンリー・コフラン（ニューベリ、ボロー博物館）からピット・リヴァース博物館に寄贈。

内田恒次郎 II

オランダに駐留していた日本艦隊の館長。シャツの上に和服を纏い、大小（大刀と脇差）を佩いている。

写真家名：ジャック＝フィリップ・ポトー
撮影場所：フランス、パリ
撮影日：1864 年
素材タイプ：鶏卵紙、17.4 × 13.3 cm（イメージサイズ）；34.1 × 26.6 cm（全体サイズ）
寄贈者：1951 年にハーバード・ヘンリー・コフラン（ニューベリ、ボロー博物館）からピット・リヴァース博物館に寄贈。

ピット・リヴァース・コレクション

すみ
「すみ」という名の 17 歳の日本人女性。着物を纏い、座った姿で写っている。パリを訪れた日本の代表団の若い女性 3 人のひとりで、パリ世界万博の日本茶室で働くために渡欧した。
写真家名：ジャック＝フィリップ・ポトー
撮影場所：フランス、パリ
撮影日：1867 年
素材タイプ：鶏卵紙、20.9 × 13.6 cm（イメージサイズ）；35.0 × 26.4 cm（全体サイズ）
寄贈者：1951 年にハーバード・ヘンリー・コフラン（ニューベリ、ボロー博物館）からピット・リヴァース博物館に寄贈。

徳川慶喜
日本最後の将軍、徳川慶喜が和装を纏った姿で写っている。慶応3（1867）年5月に大阪城で撮られたもので、一対の写真「最後の将軍の正装と和装の肖像写真」のうちの1枚。
写真家名：フレデリック・ウィリアム・サットン
撮影場所：大阪府大阪市
撮影日：1867年
素材タイプ：鶏卵紙、8.5 × 5.1 cm（イメージサイズ）；45.9 × 30.6 cm（全体サイズ）
寄贈者：1901年にピット・リヴァース博物館がダマン・エステートから購入。

黒頭巾の男
手彩色スタジオ写真。黒頭巾を纏い、大小（大刀と脇差）を佩いている。
写真家名：撮影者不詳
撮影日：1860年代後半頃（1879年以前）
素材タイプ：鶏卵紙に手彩色、8.9 × 5.6 cm（イメージサイズ）；45.9 × 30.6 cm（全体サイズ）
寄贈者：1884年にオーギュスタス・ヘンリー・レーン・フォックス・ピット・リヴァースからピット・リヴァース博物館に寄贈（創設コレクションの一部）。

陣笠を持った男
手彩色のスタジオポートレイト。名前の不明な若い男が和装を纏い、家紋の入った笠と杖を手にして立っている。
写真家名:撮影者不詳
撮影日:1860年代後半頃(1879年以前)
素材タイプ:鶏卵紙に手彩色、8.9 × 5.4 cm(イメージサイズ);45.9 × 30.6 cm(全体サイズ)
寄贈者:1884年にオーギュスタス・ヘンリー・レーン・フォックス・ピット・リヴァースからピット・リヴァース博物館に寄贈(創設コレクションの一部)。

火消装束
手彩色のスタジオポートレイト。日本人男性が火付盗賊改の装束を纏い、大小(大刀と脇差)を佩いて立っている。
写真家名:撮影者不詳
撮影日:1860年代後半頃(1879年以前)
素材タイプ:鶏卵紙に手彩色、8.9 × 5.4 cm(イメージサイズ);45.9 × 30.6 cm(全体サイズ)
寄贈者:1884年にオーギュスタス・ヘンリー・レーン・フォックス・ピット・リヴァースからピット・リヴァース博物館に寄贈(創設コレクションの一部)。

托鉢僧
手彩色スタジオ写真。托鉢僧(巡回僧)の衣を纏い、托鉢と錫を手にして立っている。
写真家名:フェリーチェ・ベアト・スタジオ(横浜)
撮影場所:神奈川県横浜市
撮影日:1860年代後半頃(1877年以前)
素材タイプ:鶏卵紙に手彩色、22.1×11.8 cm (イメージサイズ);30.6×45.9 cm (全体サイズ)
寄贈者:1884年にオーギュスタス・ヘンリー・レーン・フォックス・ピット・リヴァースからピット・リヴァース博物館に寄贈(創設コレクションの一部)。

撮影日：1860 年代から 1870 年代初頭
素材タイプ：鶏卵紙、9.5 × 12.6 cm（イメージサイズ）；45.9 × 30.6 cm（全体サイズ）
寄贈者：1901 年にピット・リヴァース博物館がダマン・エステートから購入。

大型帆船

一般的に東アジアおよび東南アジアへの物の運搬に使われていた大型帆船が廃船になり、乾ドックで修理されている様子。

写真家名：撮影者不詳
再撮影：カール・ヴィクトル・ダマン・スタジオ（ハンブルク）
撮影場所：静岡県下田市

木材置き場.
手前で2人の男が大木を梁にするため、下から鋸を入れている横浜の木材置き場の風景。「Sawyers（木びき）」と記された札が付帯する。
写真家名：撮影者不詳
再撮影：カール・ヴィクトル・ダマン・スタジオ（ハンブルク）
撮影場所：神奈川県横浜市
撮影日：1860年代から1870年代初頭
素材タイプ：鶏卵紙、10.7 × 9.1 cm（イメージサイズ）；45.9 × 30.6 cm（全体サイズ）
寄贈者：1901年にピット・リヴァース博物館がダマン・エステートから購入。

大八車と車力

木製の手押し車を押す車力と呼ばれる労働者たち。その背後には、石造りの2つの建物が写っており、片方は未完成である。「15 miles a day（1日15マイル［24キロメートル］）」と記述がある。
写真家名：撮影者不詳
再撮影：カール・ヴィクトル・ダマン・スタジオ（ハンブルク）
撮影日：1860年代から1870年代初頭
素材タイプ：鶏卵紙、5.2 × 8.7 cm（イメージサイズ）；45.9 × 30.6 cm（全体サイズ）
寄贈者：1901年にピット・リヴァース博物館がダマン・エステートから購入。

集合写真
5人の日本人男性が立ち、前に日本人女性2人が腰掛け、両脇に2人が立つ集合写真。その後ろ、最も中央に欧州の男性が立っている。
写真家名:撮影者不詳
再撮影:カール・ヴィクトル・ダマン・スタジオ(ハンブルク)
撮影日:1860年代から1870年代初頭
素材タイプ:鶏卵紙、5.2 × 8.5 cm(イメージサイズ);5.2 × 8.5 cm(全体サイズ)
寄贈者:1901年にピット・リヴァース博物館がダマン・エステートから購入。

右写真の台紙裏
右写真を再撮影したカール・ヴィクトル・ダマン・スタジオ写真の台紙裏デザイン。

雑技団の一員
ハンブルクを訪れた雑技団の一員、46歳の日本人男性の立ち姿のスタジオポートレイト。
写真家名：カール・ヴィクトル・ダマン・スタジオ（ハンブルク）
撮影場所：ドイツ、ハンブルク
撮影日：1870年
素材タイプ：鶏卵紙、8.4 × 5.5 cm（イメージサイズ）
寄贈者：1901年にピット・リヴァース博物館がダーマン・エステートから購入。

雑技団の若者
日本人青年のスタジオポートレイト。19歳と書かれているが、それよりも若く見える。
「もと」という名の、ハンブルクを訪れた雑技団の一員。
写真家名:カール・ヴィクトル・ダマン・スタジオ(ハンブルク)
撮影場所:ドイツ、ハンブルク
撮影日:1870年
素材タイプ:卵紙、13.3 × 9.8 cm(イメージサイズ);16.6 × 10.8 cm(全体サイズ)
寄贈者:1901年にピット・リヴァース博物館がダマン・エステートから購入。

写真家名：カール・ヴィクトル・ダマン・スタジオ（ハンブルク）
撮影場所：ドイツ、ハンブルク
撮影日：1870 年
素材タイプ：鶏卵紙に 8 枚印刷、12.7 × 9.2 cm（イメージサイズの平均）；30.6 × 45.9 cm（全体サイズ）
寄贈者：1901 年にピット・リヴァース博物館がダマン・エステートから購入。

Youth (1945)

雑技団のポートレイト

ハンブルクを訪れた雑技団の4人の日本人のスタジオポートレイト（正面と横顔）。46歳の男（上段左）、「おみせ」という名の42歳の女性（上段右）、そして18歳の「おさわ」という名の女性（下段右）らが写っている。これら8枚の写真は、カール・ヴィクトル・ダマンが出版した『Anthropologisch-Ethnologisches Album（人類学・民俗学アルバム）』に収められ、日本を代表する人々としてまとめられた。

雑技団の少女 I
ハンブルクを訪れた雑技団の一員、15歳の日本の少女のスタジオポートレイト。扇子を手に持っている。
写真家名：カール・ヴィクトル・ダマン・スタジオ（ハンブルク）
撮影場所：ドイツ、ハンブルク
撮影日：1870 年
素材タイプ：鶏卵紙、8.5 × 5.6 cm（イメージサイズ）；30.6 × 45.9 cm（全体サイズ）
寄贈者：1901 年にピット・リヴァース博物館がダーマン・エステートから購入。

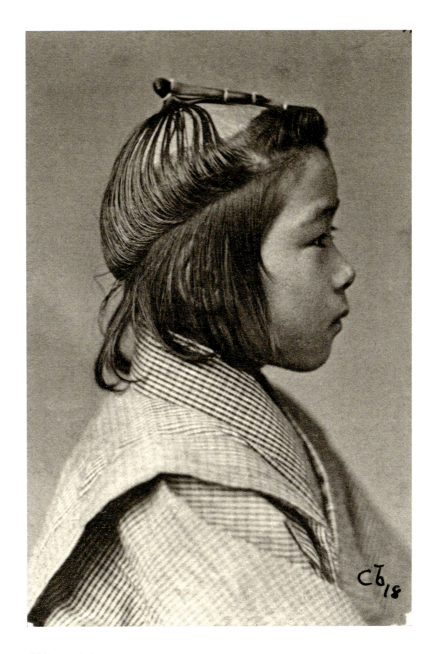

雑技団の少女 II
少女の側面。
写真家名：カール・ヴィクトル・ダマン・スタジオ（ハンブルク）
撮影場所：ドイツ、ハンブルク
撮影日：1870 年
素材タイプ：鶏卵紙、8.5 × 5.6 cm（イメージサイズ）；30.6 × 45.9 cm（全体サイズ）
寄贈者：1901 年にピット・リヴァース博物館がダマン・エステートから購入。

ピット・リヴァース・コレクション

日本人の男性1人、女性2人と子ども1人の立ち姿のスタジオポートレイト
彼らの詳細は不明。
写真家名：カール・ヴィクトル・ダマン・スタジオ（ハンブルク）
撮影場所：ドイツ、ハンブルク
撮影日：1870年頃
素材タイプ：鶏卵紙、9.1 × 5.6 cm（イメージサイズ）；45.9 × 30.6 cm（全体サイズ）
寄贈者：1901年にピット・リヴァース博物館がダーマン・エステートから購入。

61　ピット・リヴァース・コレクション

書く男
手彩色のスタジオ写真。行政官と思しき日本人男性が、床に膝をついて座り、巨大な本か帳簿に何かを書いている。
写真家名：撮影者不詳
撮影日：1870年代頃（1879年以前）
素材タイプ：鶏卵紙に手彩色、8.9 × 5.4 cm（イメージサイズ）；45.9 × 30.6 cm（全体サイズ）
寄贈者：1884年にオーギュスタス・ヘンリー・レーン・フォックス・ピット・リヴァースからピット・リヴァース博物館に寄贈（創設コレクションの一部）。

鎧姿の男
日本人男性の手彩色のスタジオポートレイト。いろいろな種類の鎧を身につけて腰掛けている。
写真家名：ライムント・フォン・シュティルフリート・スタジオ（横浜）
撮影場所：神奈川県横浜市
撮影日：1870年代中頃（1879年以前）
素材タイプ：鶏卵紙に手彩色、24.4 × 19.3 cm（イメージサイズ）；30.7 × 46.0 cm（全体サイズ）
寄贈者：1884年にオーギュスタス・ヘンリー・レーン・フォックス・ピット・リヴァースからピット・リヴァース博物館に寄贈（創設コレクションの一部）。

座る女性
若い日本人女性の手彩色のスタジオポートレイト。正装の着物を纏い、床に膝をついて座っている。
写真家名:ライムント・フォン・シュティルフリート・スタジオ(横浜)
撮影場所:神奈川県横浜市
撮影日:1870年代中頃(1879年以前)
素材タイプ:鶏卵紙に手彩色、14.3 × 10.0 cm(イメージサイズ);45.9 × 30.6 cm(全体サイズ)
寄贈者:1884年にオーギュスタス・ヘンリー・レーン・フォックス・ピット・リヴァースからピット・リヴァース博物館に寄贈(創設コレクションの一部)。

若い女性7人
手彩色のスタジオポートレイト。着物を纏った日本人の若い女性7人が、立ち姿や座った姿で富士山の背景画の前で写っている。
写真家名:ライムント・フォン・シュティルフリート・スタジオ（横浜）
撮影場所:神奈川県横浜市
撮影日:1870年代中頃（1879年以前）
素材タイプ:鶏卵紙に手彩色、14.1 × 10.0 cm（イメージサイズ）; 45.9 × 30.6 cm（全体サイズ）
寄贈者:1884年にオーギュスタス・ヘンリー・レーン・フォックス・ピット・リヴァースからピット・リヴァース博物館に寄贈（創設コレクションの一部）。

入墨の男
日本人男性の手彩色のスタジオ写真。カメラに背を向け両手で板塀にもたれ、背中に広がる複雑な入墨（betto）を見せて写っている。「Betto」と記述がある。
写真家名：ライムント・フォン・シュティルフリート・スタジオ（横浜）
撮影場所：神奈川県横浜市
撮影日：1870年代中頃（1885年以前）
素材タイプ：鶏卵紙に手彩色、23.0 × 18.6 cm（イメージサイズ）；27.5 × 34.0 cm（全体サイズ）
寄贈者：1909年にアルフレッド・アーネスト・ディキンソンとセシリー・フランシス・ディキンソンが購入、その後1989年にC・メアリー・ジュエル＝ジャンセンよりピット・リヴァース博物館に寄贈。

琴を弾く女
床に膝をついて座り、琴を弾いている日本人女性の手彩色写真。
写真家名:ライムント・フォン・シュティルフリート・スタジオ(横浜)
撮影場所:神奈川県横浜市
撮影日:1870 年代中頃 (1885 年以前)
素材タイプ:鶏卵紙に手彩色、19.5 × 24.4 cm(イメージサイズ);27.5 × 34.0 cm(全体サイズ)
寄贈者:1909 年にアルフレッド・アーネスト・ディキンソンとセシリー・フランシス・ディキンソンが購入、その後 1989 年に C・メアリー・ジュユル=ジャンセンよりピット・リヴァース博物館に寄贈。

人力車

木製の人力車の舵棒を引く男の手彩色スタジオ写真。人力車には、正装をした二人の女性が乗っており、一人は傘を手にしている。

寄贈者：1909年にアルフレッド・アーネスト・ディキンソンとセシリー・フランシス・ディキンソンが購入、その後1989年にC・メアリー・ジュエル＝ジャンセンよりピット・リヴァース博物館に寄贈。

写真家名:ライムント・フォン・シュティルフリート・スタジオ(横浜)
撮影場所:神奈川県横浜市
撮影日:1870年代頃(1885年以前)
素材タイプ:鶏卵紙に手彩色、19.4×24.3 cm(イメージサイズ);27.5×34.0 cm(全体サイズ)

扇子を手にする女性

正装の着物を纏い、扇子を手にして立つ日本人の若い女性の手彩色スタジオポートレイト。
写真家名：ライムント・フォン・シュティルフリート・スタジオ（横浜）
撮影場所：神奈川県横浜市
撮影日：1870 年代頃（1885 年以前）
素材タイプ：鶏卵紙に手彩色、24.1 × 18.9 cm（イメージサイズ）；27.5 × 34.0 cm（全体サイズ）
寄贈者：1909 年にアルフレッド・アーネスト・ディキンソンとセシリー・フランシス・ディキンソンが購入、その後 1989 年に C・メアリー・ジュエル＝ジャンセンよりピット・リヴァース博物館に寄贈。

若い女性 I
日本人の若い女性の手彩色写真。
写真家名：ライムント・フォン・シュティルフリート・スタジオ（横浜）
撮影場所：神奈川県横浜市
撮影日：1870 年代頃（1885 年以前）
素材タイプ：鶏卵紙に手彩色、24.2 × 19.3 cm（イメージサイズ）；27.5 × 34.0 cm（全体サイズ）
寄贈者：1909 年にアルフレッド・アーネスト・ディキンソンとセシリー・フランシス・ディキンソンが購入、その後 1989 年に C・メアリー・ジュエル＝ジャンセンよりピット・リヴァース博物館に寄贈。

若い女性 II
若い日本人女性の手彩色写真。
写真家名：ライムント・フォン・シュティルフリート・スタジオ（横浜）
撮影場所：神奈川県横浜市
撮影日：1870 年代頃（1885 年以前）
素材タイプ：鶏卵紙に手彩色、24.3 × 19.4 cm（イメージサイズ）；27.5 × 34.0 cm（全体サイズ）
寄贈者：1909 年にアルフレッド・アーネスト・ディキンソンとセシリー・フランシス・ディキンソンが購入、その後 1989 年に C・メアリー・ジュエル＝ジャンセンよりピット・リヴァース博物館に寄贈。

若い女性 III
若い日本人女性の手彩色写真。
写真家名：ライムント・フォン・シュティルフリート・スタジオ（横浜）
撮影場所：神奈川県横浜市
撮影日：1870 年代頃（1885 年以前）
素材タイプ：鶏卵紙に手彩色、24.3 × 19.3 cm（イメージサイズ）；27.5 × 34.0 cm（全体サイズ）
寄贈者：1909 年にアルフレッド・アーネスト・ディキンソンとセシリー・フランシス・ディキンソンが購入、その後 1989 年に C・メアリー・ジュエル＝ジャンセンよりピット・リヴァース博物館に寄贈。

若い女性Ⅳ
若い日本人女性の手彩色写真。
写真家名：ライムント・フォン・シュティルフリート・スタジオ（横浜）
撮影場所：神奈川県横浜市
撮影日：1870年代頃（1885年以前）
素材タイプ：鶏卵紙に手彩色、24.3 × 19.3 cm（イメージサイズ）；27.5 × 34.0 cm（全体サイズ）
寄贈者：1909年にアルフレッド・アーネスト・ディキンソンとセシリー・フランシス・ディキンソンが購入、その後1989年にC・メアリー・ジュエル＝ジャンセンよりピット・リヴァース博物館に寄贈。

若い女性 V
若い日本人女性の手彩色写真。後ろ側から撮影され、髪型を見せている。
写真家名：ライムント・フォン・シュティルフリート・スタジオ（横浜）
撮影場所：神奈川県横浜市
撮影日：1870 年代頃（1885 年以前）
素材タイプ：鶏卵紙に手彩色、24.4 × 19.4 cm（イメージサイズ）；27.5 × 34.0 cm（全体サイズ）
寄贈者：1909 年にアルフレッド・アーネスト・ディキンソンとセシリー・フランシス・ディキンソンが購入、その後 1989 年に C・メアリー・ジュエル＝ジャンセンよりピット・リヴァース博物館に寄贈。

渡し舟
人々と荷物、2匹の動物を乗せた細長いボートの手彩色写真。2人の船頭が川に竿をさしている。遠方の向こう岸には、いくつかの建物が見えている。
写真家名：ライムント・フォン・シュティルフリート・スタジオ（横浜）
撮影日：1870年代頃（1885年以前）
素材タイプ：鶏卵紙に手彩色、19.0 × 24.3 cm（イメージサイズ）；27.5 × 34.0 cm（全体サイズ）
寄贈者：1909年にアルフレッド・アーネスト・ディキンソンとセシリー・フランシス・ディキンソンが購入、その後1989年にC・メアリー・ジュエル＝ジャンセンよりピット・リヴァース博物館に寄贈。

依田橋
木製の橋の手彩色風景写真。遠方には、山頂が雪で覆われた富士山が描かれている。「Yoda Bridge(依田橋)」と記述がある。
写真家名:アドルフォ・ファルサーリ・スタジオ(横浜)
撮影日:1886年頃
素材タイプ:鶏卵紙に手彩色、18.9 × 24.1 cm(イメージサイズ);27.5 × 34.0 cm(全体サイズ)
寄贈者:1909年にアルフレッド・アーネスト・ディキンソンとセシリー・フランシス・ディキンソンが購入、その後1989年にC・メアリー・ジュエル=ジャンセンよりピット・リヴァース博物館に寄贈。

藤棚

花棚で覆われた木枠の下の、腰掛けた日本人男性と立っている少年、そしてそれぞれ背中に赤子をおぶって座る3人の女性を写した手彩色写真。「Trellis of Wistaria（藤棚）」と記述がある。

写真家名：アドルフォ・ファルサーリ・スタジオ（横浜）

撮影日：1886年頃

素材タイプ：鶏卵紙にて彩色、19.1 × 24.2 cm（イメージサイズ）；27.5 × 34.0 cm（全体サイズ）

寄贈者：1909年にアルフレッド・アーネスト・ディキンソンとセシリー・フランシス・ディキンソンが購入、その後1989年にC・メアリー・ジュエル＝ジャンセンよりピット・リヴァース博物館に寄贈。

休憩所

道ばたの休憩所（建場）で休んでいる人々の手彩色風景写真。右方には日よけのついた歯車付きの水車で働く少年がいる。「Tateba & Water Wheel（建場と水車）」と記述がある。
撮影日：1886 年頃
素材タイプ：鶏卵紙に手彩色、19.2 × 24.0 cm（イメージサイズ）；27.5 × 34.0 cm（全体サイズ）
寄贈者：1909 年にアルフレッド・アーネスト・ディキンソンとセシリー・フランシス・ディキンソンが購入、その後 1989 年に C・メアリー・ジュエル＝ジャンセンよりピット・リヴァース博物館に寄贈。

茶屋の娘たち
6人の日本人女性の手彩色写真。ひとりが三味線を弾き、もうひとりが太鼓を叩いている。
写真家名：アドルフォ・ファルサーリ・スタジオ（横浜）
撮影日：1886年頃
素材タイプ：鶏卵紙に手彩色、19.3 × 24.1 cm（イメージサイズ）；27.5 × 34.0 cm（全体サイズ）
寄贈者：1909年にアルフレッド・アーネスト・ディキンソンとセシリー・フランシス・ディキンソンが購入、その後1989年にC・メアリー・ジュエル＝ジャンセンよりピット・リヴァース博物館に寄贈。

桜の花

木製の大きな建物の手彩色写真。門のところに2人の女性が立ち、手前の人力車でひとりの男性が休んでいる。写真中央の桜の木の下にある井戸の横には女性がひとり立っている。「Cherry Blossom（桜の花）」と記述がある。

写真家名：アドルフォ・ファルサーリ・スタジオ（横浜）
撮影日：1886 年頃
素材タイプ：鶏卵紙に手彩色、19.5 × 24.3 cm（イメージサイズ）；27.5 × 34.0 cm（全体サイズ）
寄贈者：1909 年にアルフレッド・アーネスト・ディキンソンとセシリー・フランシス・ディキンソンが購入、その後 1989 年に C・メアリー・ジュエル＝ジャンセンよりピット・リヴァース博物館に寄贈。

宿屋
三階建て旅館の手彩色写真。4台の人力車が建物の前に停まっている。従業員や客などがたくさんおり、外や回り廊下に立っている。「Hotel（宿屋）」と記述がある。
写真家名：アドルフォ・ファルサーリ・スタジオ（横浜）
撮影日：1886年頃
素材タイプ：鶏卵紙に手彩色、18.5 × 24.1 cm（イメージサイズ）；27.5 × 34.0 cm（全体サイズ）
寄贈者：1909年にアルフレッド・アーネスト・ディキンソンとセシリー・フランシス・ディキンソンが購入、その後1989年にC・メアリー・ジュエル＝ジャンセンよりピット・リヴァース博物館に寄贈。

伊香保

温泉で有名な伊香保(現在の群馬県渋川市の一部)の、目抜き通りの手彩色写真。人々が木造建築の間を通り抜ける階段に集まっているのが写っている。「Ikao(伊香保のスペルミスと思われる)」と記述がある。
写真家名:アドルフォ・ファルサーリ・スタジオ(横浜)
撮影場所:群馬県渋川市
撮影日:1886年頃
素材タイプ:鶏卵紙に手彩色、18.9 × 23.9 cm(イメージサイズ);27.5 × 34.0 cm(全体サイズ)
寄贈者:1909年にアルフレッド・アーネスト・ディキンソンとセシリー・フランシス・ディキンソンが購入、その後1989年にC・メアリー・ジュエル=ジャンセンよりピット・リヴァース博物館に寄贈。

田植え
田植えをしている人々の手彩色写真。「Transplanting Rice（田植え）」と記述がある。
写真家名：アドルフォ・ファルサーリ・スタジオ（横浜）
撮影日：1886 年頃
素材タイプ：鶏卵紙に手彩色、19.1 × 24.2 cm（イメージサイズ）；27.5 × 34.0 cm（全体サイズ）
寄贈者：1909 年にアルフレッド・アーネスト・ディキンソンとセシリー・フランシス・ディキンソンが購入、その後 1989 年に C・メアリー・ジュエル＝ジャンセンよりピット・リヴァース博物館に寄贈。

強力

荷物を背に担いだ、強力または荷物運搬人の日本人男性の手彩色写真。「Goriki（強力）」と記述がある。

写真家名：アドルフォ・ファルサーリ・スタジオ（横浜）

撮影日：1886 年頃

素材タイプ：鶏卵紙に手彩色、24.1 × 19.3 cm（イメージサイズ）；27.5 × 34.0 cm（収録アルバムのページサイズ）寄贈者：1909 年にアルフレッド・アーネスト・ディキンソンとセシリー・フランシス・ディキンソンが購入、その後 1989 年に C・メアリー・ジュエル＝ジャンセンよりピット・リヴァース博物館に寄贈。

就寝

2人の日本人女性の手彩色写真。伝統的な布団で、つまり床に敷いた布団の上で掛け布団を掛けて、屏風の前で寝ている。「In Bed（就寝）」と記述がある。

写真家名：アドルフォ・ファルサーリ・スタジオ（横浜）
撮影場所：神奈川県横浜市
撮影日：1880年代後半頃
素材タイプ：鶏卵紙に手彩色、18.9 × 23.8 cm（イメージサイズ）；27.5 × 34.0 cm（収録アルバムのページサイズ）
寄贈者：1909年にアルフレッド・アーネスト・ディキンソンとセシリー・フランシス・ディキンソンが購入、その後1989年にC・メアリー・ジュエル＝ジャンセンよりピット・リヴァース博物館に寄贈。

判決による腹切り
3人の男(役者または写真家のモデル)の手彩色写真。侍の格好で歴史的(または文学的)な一場面を演じている。「Judicial Hara-kiri (判決による腹切り)」と記述がある。
写真家名:アドルフォ・ファルサーリ・スタジオ(横浜)
撮影場所:神奈川県横浜市
撮影日:1880年代後半頃
素材タイプ:鶏卵紙に手彩色、19.1 × 24.0 cm(イメージサイズ); 27.5 × 34.0 cm(全体サイズ)
寄贈者:1909年にアルフレッド・アーネスト・ディキンソンとセシリー・フランシス・ディキンソンが購入、その後1989年にC・メアリー・ジュエル=ジャンセンよりピット・リヴァース博物館に寄贈。

将軍と家臣

鎧を纏った4人の日本人男性(役者または写真家のモデル)が、武士の格好で将軍と3人の家臣を演じている。「General and Staff(将軍と家臣)」と記述がある。
写真家名:アドルフォ・ファルサーリ・スタジオ(横浜)
撮影場所:神奈川県横浜市
撮影日:1880年代後半頃
素材タイプ:鶏卵紙に手彩色、19.2 × 24.0 cm(イメージサイズ);27.5 × 34.0 cm(全体サイズ)
寄贈者:1909年にアルフレッド・アーネスト・ディキンソンとセシリー・フランシス・ディキンソンが購入、その後1989年にC・メアリー・ジュエル=ジャンセンよりピット・リヴァース博物館に寄贈。

花売り

花売りの格好の日本人男性が、花を入れた2つの盆と共に立っている手彩色写真。
写真家名：アドルフォ・ファルサーリ・スタジオ（横浜）
撮影場所：神奈川県横浜市
撮影日：1880年代後半頃
素材タイプ：鶏卵紙、18.6 × 23.7 cm（イメージサイズ）; 27.5 × 34.0 cm（全体サイズ）
寄贈者：1909年にアルフレッド・アーネスト・ディキンソンとセシリー・フランシス・ディキンソンが購入、その後1989年にC・メアリー・ジュエル＝ジャンセンよりピット・リヴァース博物館に寄贈。

生け花の稽古

2人の日本人女性が屏風と掛け物の前で、床に座っている手彩色写真。2人の間には小さなテーブルがあり、花瓶に花が生けられている。「Flower Lesson（生け花の稽古）」と記述がある。
写真家名：アドルフォ・ファルサーリ・スタジオ（横浜）
撮影場所：神奈川県横浜市
撮影日：1880年代後半頃
素材タイプ：鶏卵紙に手彩色、19.2 × 24.3 cm（イメージサイズ）；27.5 × 34.0 cm（全体サイズ）
寄贈者：1909年にアルフレッド・アーネスト・ディキンソンとセシリー・フランシス・ディキンソンが購入、その後1989年にC・メアリー・ジュエル＝ジャンセンよりピット・リヴァース博物館に寄贈。

富士巡礼

巡礼者の服装の 6 人の男性(役者または写真家のモデル)の手彩色写真。日本の三霊山のひとつである、聖地富士山への巡礼の旅の様子を演じている。「Pilgrims to Fuji(富士巡礼)」と記述がある。
写真家名:アドルフォ・ファルサーリ・スタジオ(横浜)
撮影場所:神奈川県横浜市
撮影日:1880 年代後半頃
素材タイプ:鶏卵紙に手彩色、18.4 × 23.9 cm(イメージサイズ);27.5 × 34.0 cm(全体サイズ)
寄贈者:1909 年にアルフレッド・アーネスト・ディキンソンとセシリー・フランシス・ディキンソンが購入、その後 1989 年に C・メアリー・ジュエル=ジャンセンよりピット・リヴァース博物館に寄贈。

木綿糸紡ぎ
障子戸の前で、床に座り木製の糸車で木綿糸を紡いでいる日本人女性の手彩色写真。「Spinning Cotton（木綿糸紡ぎ）」と記述がある。
写真家名：アドルフォ・ファルサーリ・スタジオ（横浜）
撮影場所：神奈川県横浜市
撮影日：1880年代後半頃
素材タイプ：鶏卵紙に手彩色、19.3 × 24.3 cm（イメージサイズ）；27.5 × 34.0 cm（全体サイズ）
寄贈者：1909年にアルフレッド・アーネスト・ディキンソンとセシリー・フランシス・ディキンソンが購入、その後1989年にC・メアリー・ジュエル＝ジャンセンよりピット・リヴァース博物館に寄贈。

囲碁

障子戸の前で、2人の女性とひとりの老人が床に座って囲碁をしている手彩色写真。「Playing Goban（碁盤遊び）」と記述がある。

写真家名：アドルフォ・ファルサーリ・スタジオ（横浜）
撮影場所：神奈川県横浜市
撮影日：1880年代後半頃
素材タイプ：鶏卵紙に手彩色、19.1 × 23.9 cm（イメージサイズ）；27.5 × 34.0 cm（全体サイズ）
寄贈者：1909年にアルフレッド・アーネスト・ディキンソンとセシリー・フランシス・ディキンソンが購入、その後1989年にC・メアリー・ジュエル＝ジャンセンよりピット・リヴァース博物館に寄贈。

蓑姿
3人の日本人男性の手彩色写真。古典的な（江戸時代の）笠と蓑という労働者の出で立ちで、手描きの背景画を背に写っている。「Rain Coats（雨合羽）」と記述がある。
写真家名：アドルフォ・ファルサーリ・スタジオ（横浜）
撮影場所：神奈川県横浜市
撮影日：1880年代後半頃
素材タイプ：鶏卵紙に手彩色、23.6 × 19.1 cm（イメージサイズ）；27.5 × 34.0 cm（全体サイズ）
寄贈者：1909年にアルフレッド・アーネスト・ディキンソンとセシリー・フランシス・ディキンソンが購入、その後1989年にC・メアリー・ジュエル＝ジャンセンよりピット・リヴァース博物館に寄贈。

大名と家臣
侍の衣装を纏い、大名とその家臣を演じる2人の日本人男性(役者または写真家のモデル)の手彩色写真。「Daimio(大名)」と記述がある。
写真家名:アドルフォ・ファルサーリ・スタジオ(横浜)
撮影場所:神奈川県横浜市
撮影日:1880年代後半頃
素材タイプ:鶏卵紙に手彩色、23.6 × 19.1 cm(イメージサイズ);27.5 × 34.0 cm(全体サイズ)
寄贈者:1909年にアルフレッド・アーネスト・ディキンソンとセシリー・フランシス・ディキンソンが購入、その後1989年にC・メアリー・ジュエル=ジャンセンよりピット・リヴァース博物館に寄贈。

髪結い
2人の日本人女性の手彩色写真。床に座り鏡を見ている女性の髪を、立っているもうひとりの女性が整えている。「Hair Dressing（髪結い）」と記述がある。
写真家名：アドルフォ・ファルサーリ・スタジオ（横浜）
撮影場所：神奈川県横浜市
撮影日：1880年代後半頃
素材タイプ：鶏卵紙に手彩色、23.8 × 19.1 cm（イメージサイズ）；27.5 × 34.0 cm（全体サイズ）
寄贈者：1909年にアルフレッド・アーネスト・ディキンソンとセシリー・フランシス・ディキンソンが購入、その後1989年にC・メアリー・ジュエル＝ジャンセンよりピット・リヴァース博物館に寄贈。

4人の美女

4人の女性の手彩色写真。着物を纏い、背景幕の前に立っている。「4 Graces (4人の美女)」と記述がある。

写真家名:アドルフォ・ファルサーリ・スタジオ (横浜)
撮影場所:神奈川県横浜市
撮影日:1880年代後半頃
素材タイプ:鶏卵紙に手彩色、23.6 × 18.9 cm (イメージサイズ); 27.5 × 34.0 cm (全体サイズ)
寄贈者:1909年にアルフレッド・アーネスト・ディキンソンとセシリー・フランシス・ディキンソンが購入、その後1989年にC・メアリー・ジュエル=ジャンセンよりピット・リヴァース博物館に寄贈。

老いた男女 I
日本人の老いた男女の手彩色写真。おそらく夫婦と思われるが、時に（間違って）撮影者である小川一真の両親であると記述されることがある。
写真家名：小川一真スタジオ（東京）
撮影場所：東京
撮影日：1880 年代頃（1909 年以前）
素材タイプ：鶏卵紙に手彩色、24.4 × 19.6 cm（イメージサイズ）；27.5 × 34.0 cm（収録アルバムのページサイズ）
寄贈者：1909 年にアルフレッド・アーネスト・ディキンソンとセシリー・フランシス・ディキンソンより C・メアリー・ジュエル＝ジャンセンが購入、その後 1989 年に C・メアリー・ジュエル＝ジャンセンよりピット・リヴァース博物館に寄贈。

老いた男女 II
日本人の老いた男女の手彩色写真。おそらく夫婦と思われるが、これに関わる記述はない。
写真家名：小川一真スタジオ（東京）
撮影日：1890 年代頃
素材タイプ：鶏卵紙に手彩色、21.1 × 26.7 cm（イメージサイズ）；27.4 × 35.5 cm（台紙サイズ）
寄贈者：来歴不詳

庭園

手彩色によって彩られた東京の庭園。画面に「GARDIN AT TOKIO」の文字が焼込まれているが、「garden（庭園）」のスペルミスだろうと考えられる。

写真家名：撮影者不詳
撮影場所：東京
撮影日：1890年代頃
素材タイプ：鶏卵紙に手彩色、21.2 × 27.3 cm（イメージサイズ）；35.6 × 42.0 cm（収録アルバムのページサイズ）
寄贈者：2009年にドミニク・ウィンター・オークショニアーズよりピット・リヴァース博物館が購入。

亀戸天神社
手彩色によって彩られた亀戸天神社の満開の藤。「KAMEIDO TOKIO（東京亀戸）」と焼込まれている。
写真家名：撮影者不詳
撮影場所：東京
撮影日：1890年代頃
素材タイプ：鶏卵紙に手彩色、21.7 × 27.3 cm（イメージサイズ）; 35.6 × 42.0 cm（収録アルバムのページサイズ））
寄贈者：2009年にドミニク・ウィンター・オークショニアーズよりピット・リヴァース博物館が購入。

上野公園
手彩色によって彩られた上野公園の階段。「UENO PARK, AT TOKYO（東京の上野公園）」と焼込まれている。立て札に日本美術協会による美術展覧会や大日本選書奨励会主催の第七回選書展覧会などの記述があり、これによって、撮影された時期を特定することができる。
写真家名：撮影者不詳
撮影場所：東京
撮影日：1890年代頃
素材タイプ：鶏卵紙に手彩色、21.3 × 27.3 cm（イメージサイズ）; 35.6 × 42.0 cm（収録アルバムのページサイズ）
寄贈者：2009年にドミニク・ウィンター・オークショニアーズよりピット・リヴァース博物館が購入。

桜並木
手彩色によって彩られた東京の江戸川沿岸の満開の桜。「EDOGAWA TOKYO(東京江戸川)」と焼込まれている。
写真家名：撮影者不詳
撮影場所：東京
撮影日：1890年代頃
素材タイプ：鶏卵紙に手彩色、21.3 × 27.6 cm（イメージサイズ）；35.6 × 42.0 cm（収録アルバムのページサイズ）
寄贈者：2009年にドミニク・ウィンター・オークショニアーズよりピット・リヴァース博物館が購入。

堀切菖蒲園
手彩色によって彩られた東京の堀切菖蒲園の満開の菖蒲。「THE GARDEN OF SWEAT FLAG IN HORIKIRI AT TOKYO（東京の堀切にある菖蒲園）」と焼込まれている。
写真家名：撮影者不詳
撮影場所：東京
撮影日：1890 年代頃
素材タイプ：鶏卵紙に手彩色、21.4 × 27.5 cm（イメージサイズ）；35.6 × 42.0 cm（収録アルバムのページサイズ）
寄贈者：2009 年にドミニク・ウィンター・オークショニアーズよりピット・リヴァース博物館が購入。

慈照寺
手彩色によって彩られた銀閣寺として知られる京都の慈照寺。「GINKAKUJI GARDEN KYOTO（京都の銀閣寺庭園）」と焼込まれている。
写真家名：撮影者不詳
撮影場所：京都
撮影日：1890 年代頃
素材タイプ：鶏卵紙に手彩色、21.1 × 27.3 cm（イメージサイズ）；35.6 × 42.0 cm（収録アルバムのページサイズ）
寄贈者：2009 年にドミニク・ウィンター・オークショニアーズよりピット・リヴァース博物館が購入。

舟形松

手彩色によって彩られた金閣寺として知られる京都の鹿苑寺境内の舟形松。「KINKAKUJI, AT KYOTO（京都の金閣寺）」と焼込まれている。
写真家名：撮影者不詳
撮影場所：京都
撮影日：1890年代頃
素材タイプ：鶏卵紙に手彩色、21.2 × 27.3 cm（イメージサイズ）；35.6 × 42.0 cm（収録アルバムのページサイズ）
寄贈者：2009年にドミニク・ウィンター・オークショニアーズよりピット・リヴァース博物館が購入。

六角堂
手彩色によって彩られた京都の六角堂正殿。「ROKKAKUDO TEMPLE AT KIOTO（京都の六角堂寺院）」と焼込まれている。
写真家名：撮影者不詳
撮影場所：京都
撮影日：1890年代頃
素材タイプ：鶏卵紙に手彩色、21.2 × 27.2 cm（イメージサイズ）；35.6 × 42.0 cm（収録アルバムのページサイズ）
寄贈者：2009年にドミニク・ウィンター・オークショニアーズよりピット・リヴァース博物館が購入。

西大谷寺境内
手彩色によって彩られた京都の西大谷寺境内。「NISHI OTANI AT KIOTO(京都の西大谷)」と焼込まれている。
写真家名:撮影者不詳
撮影場所:京都
撮影日:1890年代頃
素材タイプ:鶏卵紙に手彩色、21.0 × 27.2 cm(イメージサイズ);35.6 × 42.0 cm(収録アルバムのページサイズ)
寄贈者:2009年にドミニク・ウィンター・オークショニアーズよりピット・リヴァース博物館が購入。

清水寺近辺の店
手彩色によって彩られた京都の清水寺近辺の店。「KIYOMIZU AT KIOTO(京都の清水)」と焼込まれている。
写真家名:撮影者不詳
撮影場所:京都
撮影日:1890年代頃
素材タイプ:鶏卵紙に手彩色、21.2 × 27.3 cm(イメージサイズ);35.6 × 42.0 cm(収録アルバムのページサイズ)
寄贈者:2009年にドミニク・ウィンター・オークショニアーズよりピット・リヴァース博物館が購入。

清水寺境内
手彩色によって彩られた京都の清水寺境内の寺や仏塔。「KIYOMIZU PAGODA AT KIOTO（京都の清水の仏塔）」と焼込まれている。
写真家名：撮影者不詳
撮影場所：京都
撮影日：1890年代頃
素材タイプ：鶏卵紙に手彩色、21.2 × 27.2 cm（イメージサイズ）；35.6 × 42.0 cm（収録アルバムのページサイズ）
寄贈者：2009年にドミニク・ウィンター・オークショニアーズよりピット・リヴァース博物館が購入。

四条大橋
手彩色によって彩られた京都の鴨川に架かる四条大橋。「SHIJO BRIDGE AT KIOTO（京都の四条橋）」と焼込まれている。
写真家名：撮影者不詳
撮影場所：京都
撮影日：1890 年代頃
素材タイプ：鶏卵紙に手彩色、21.2 × 27.3 cm（イメージサイズ）；35.6 × 42.0 cm（収録アルバムのページサイズ）
寄贈者：2009 年にドミニク・ウィンター・オークショニアーズよりピット・リヴァース博物館が購入。

茶を摘む女性たち

手彩色によって彩られた茶を摘む女性たち。「GATHERING TEA LEAVES AT UJI, YAMASHIRO（宇治の山城での茶摘み）」と焼込まれている。
写真家名：撮影者不詳
撮影場所：京都府宇治市
撮影日：1890年代頃
素材タイプ：鶏卵紙にて彩色、21.6 × 27.5 cm（イメージサイズ）；35.6 × 42.0 cm（収録アルバムのページサイズ）
寄贈者：2009年にドミニク・ウィンター・オークショニアーズよりピット・リヴァース博物館が購入。

田植え

手彩色によって彩られた水田で田植えをする人々。「THE FARMER TRANSPLANTING THE RICE SPRONTS（稲を植える農民たち）」と焼込まれているが、「Sprouts」のスペルミスだろうと考えられる。

写真家名：撮影者不詳
撮影日：1890年代頃
素材タイプ：鶏卵紙に手彩色、21.5 × 27.5 cm（イメージサイズ）；35.6 × 42.0 cm（収録アルバムのページサイズ）
寄贈者：2009年にドミニク・ウィンター・オークショニアーズよりピット・リヴァース博物館が購入。

撮影日：1890 年代頃（1891 年以降）
素材タイプ：鶏卵紙に手彩色、21.6 × 27.7 cm（イメージサイズ）；35.6 × 42.0 cm（収録アルバムのページサイズ）
寄贈者：2009 年にドミニク・ウィンター・オークショニアーズよりピット・リヴァース博物館が購入。

神戸の大仏
手彩色によって彩られた神戸の能福寺の境内にあった大仏。「DAIBUTSU, HIOGO（兵庫、大仏）」と焼込まれている。
写真家名：撮影者不詳
撮影場所：兵庫県神戸市

ピット・リヴァース・コレクション

生田神社参道

手彩色に彩られた神戸の生田神社参道。鳥居を中心に撮影されている。手前の石灯籠の横には人物が配され、堂々とした石灯籠の大きさがわかりやすくなっている。「ROAD OF IKUTA TEMPLE IN KOBE（神戸の生田寺の参道）」と焼込まれている。
写真家名：撮影者不詳
撮影場所：兵庫県神戸市
撮影日：1890年代頃
素材タイプ：鶏卵紙に手彩色、21.2 × 27.0 cm（イメージサイズ）；35.6 × 42.0 cm（収録アルバムのページサイズ）
寄贈者：2009年にドミニク・ウィンター・オークショニアーズよりピット・リヴァース博物館が購入。

石山寺境内
手彩色によって彩られた大津の石山寺の境内。「ISHIYAMADERA TEMPLE OMI（近江の石山寺）」と焼込まれている。
写真家名：撮影者不詳
撮影場所：滋賀県大津市
撮影日：1890年代頃
素材タイプ：鶏卵紙に手彩色、21.2 × 27.3 cm（イメージサイズ）；35.6 × 42.0 cm（収録アルバムのページサイズ）
寄贈者：2009年にドミニク・ウィンター・オークショニアーズよりピット・リヴァース博物館が購入。

春日大社参道
手彩色によって彩られた奈良の春日大社の参道にいる鹿。「KASUGA AT NARA（奈良の春日）」と焼込まれている。
写真家名：撮影者不詳
撮影場所：奈良市
撮影日：1890 年代頃
素材タイプ：鶏卵紙に手彩色、21.2 × 27.3 cm（イメージサイズ）；35.6 × 42.0 cm（収録アルバムのページサイズ）
寄贈者：2009 年にドミニク・ウィンター・オークショニアーズよりピット・リヴァース博物館が購入。

滝野川公園
手彩色によって彩られた王子の滝野川公園に立つ女性。「TAKINOGAWA NEAR OJI（王子付近の滝野川）」と焼込まれている。
写真家名：撮影者不詳
撮影場所：東京
撮影日：1890年代頃
素材タイプ：鶏卵紙に手彩色、21.2×27.3 cm（イメージサイズ）；35.6×42.0 cm（収録アルバムのページサイズ）
寄贈者：2009年にドミニク・ウィンター・オークショニアーズよりピット・リヴァース博物館が購入。

住吉大社境内の住吉反橋

手彩色によって彩られた大阪の住吉大社境内の住吉反橋。現在は鉄製になっている橋桁や欄干が未だ木製であったことがわかる。「SUMIYOSHI（住吉）」と焼込まれている。

写真家名：撮影者不詳
撮影場所：大阪
撮影日：1890年代頃
素材タイプ：鶏卵紙に手彩色、21.2 × 27.2 cm（イメージサイズ）；35.6 × 42.0 cm（収録アルバムのページサイズ）
寄贈者：2009年にドミニク・ウィンター・オークショニアーズよりピット・リヴァース博物館が購入。

中山道の藤棚

手彩色によって彩られた江戸と京都を結ぶ中山道の休憩所の満開の藤棚。それぞれにポーズをとる女性たちはみな手を隠しており、手の大小で美人をはかっていた江戸の風俗を言外に語る写真としても興味深い。「WISTARIA (BLOSSOM) AT NAKASENDO (中山道の満開の藤)」と焼込まれている。
写真家名：撮影者不詳
撮影日：1890年代頃
素材タイプ：鶏卵紙に手彩色、21.7 × 27.2 cm（イメージサイズ）；35.6 × 42.0 cm（収録アルバムのページサイズ）
寄贈者：2009年にドミニク・ウィンター・オークショニアーズよりピット・リヴァース博物館が購入。

茶屋
手彩色によって彩られた彦根の湖畔にある茶屋。「TEA-HOUSE GARDEN AT HIKONE(彦根の茶屋の庭)」と焼込まれている。
写真家名：撮影者不詳
撮影場所：滋賀県彦根市
撮影日：1890年代頃
素材タイプ：鶏卵紙に手彩色、21.6 × 27.6 cm（イメージサイズ）；35.6 × 42.0 cm（収録アルバムのページサイズ）
寄贈者：2009年にドミニク・ウィンター・オークショニアーズよりピット・リヴァース博物館が購入。

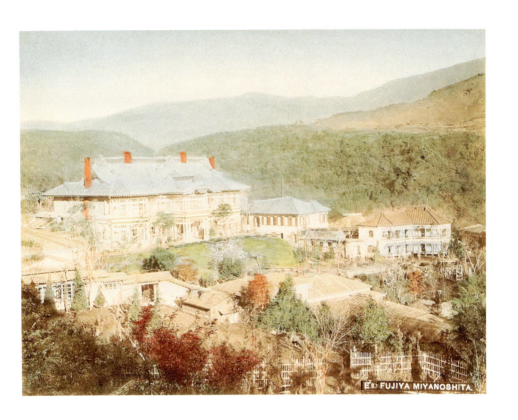

箱根富士屋ホテル
手彩色によって彩られた箱根の富士屋ホテル。1891 年に完成した本館からの広がりが写されている。「FUJIYA MIYANOSHITA(宮ノ下、富士屋)」と焼込まれている。
写真家名:撮影者不詳
撮影場所:神奈川県箱根宮ノ下
撮影日:1890 年代頃(1891 年以降)
素材タイプ:鶏卵紙に手彩色、21.5 × 27.8 cm(イメージサイズ); 35.6 × 42.0 cm(収録アルバムのページサイズ)
寄贈者:2009 年にドミニク・ウィンター・オークショニアーズよりピット・リヴァース博物館が購入。

京都祇園
手彩色によって彩られた京都の祇園の大通り、四条通。道の東端にある八坂神社の西楼門を中心に、「萬昆布類」の看板に代表される店舗が左右に広がり、道行く人々が写る。なかには右手前の建物の前の女や中央の傘を持つ少女のように、レンズに気を配る視線も見受けられる。
写真家名：撮影者不詳
撮影場所：京都
撮影日：1890 年代頃
素材タイプ：鶏卵紙に手彩色、21.2 × 27.3 cm（イメージサイズ）；35.6 × 42.0 cm（収録アルバムのページサイズ）
寄贈者：2009 年にドミニク・ウィンター・オークショニアーズよりピット・リヴァース博物館が購入。

京都円山
手彩色によって彩られた京都の祇園・円山公園の近くの楼上に立つ少女。遠くに建物が写っている。
写真家名：撮影者不詳
撮影場所：京都
撮影日：1890年代頃
素材タイプ：鶏卵紙に手彩色、21.2 × 27.2 cm（イメージサイズ）；35.6 × 42.0 cm（収録アルバムのページサイズ）
寄贈者：2009年にドミニク・ウィンター・オークショニアーズよりピット・リヴァース博物館が購入。

橿原神社
神社の入口の鳥居。大和の「KASHIWARA-JINNJA(橿原神社)」と裏面に記されている。
写真家名:撮影者不詳
撮影場所:奈良県橿原市
撮影日:1890年代頃(1908年以前)
素材タイプ:鶏卵紙、5.4 × 8.7 cm(イメージサイズ);6.4 × 10.6 cm(全体サイズ)
寄贈者:1908年にバジル・ホール・チェンバレンよりピット・リヴァース博物館に寄贈。

宗吾霊堂
宗吾霊堂として知られている、成田の鳴鐘山東勝寺宗吾霊堂。処刑された農民、木内惣五郎(通称・佐倉惣五郎)を祀っている。
写真家名:撮影者不詳
撮影場所:千葉県成田市
撮影日:1892年以前
素材タイプ:鶏卵紙、5.8 × 8.8 cm(イメージサイズ);6.3 × 10.6 cm(全体サイズ)
寄贈者:1892年にW・B・メイソンからバジル・ホール・チェンバレンに贈呈、1908年にバジル・ホール・チェンバレンよりピット・リヴァース博物館に寄贈。

巡礼者

仏教の道中衣を纏った日本人男女のスタジオポートレイト。ひとりが立ち、もうひとりは座っている。それぞれ「三十三観音霊場巡礼」（左）、「四国八十八ヶ所霊場」（右）の巡礼者の服装を表している。装束や道具に番号が振られていることから、民俗学的な説明のために使用された写真であることがわかり、全体の画鋲の跡からもピット・リヴァース博物館で展示が行われたことを示している。

写真家名：山本廉平（東京）
撮影場所：東京
撮影日：1892年以前
素材タイプ：キャビネ判、15.1 × 10.1 cm（イメージサイズ）；16.4 × 10.7 cm（全体サイズ）
寄贈者：1892年にバジル・ホール・チェンバレンよりピット・リヴァース博物館に寄贈。

巡礼者写真の台紙裏

三味線を弾く女性

わずかに手彩色によって彩られた、床に座って三味線を弾く女性とその横で舞う少女。
「SAMISEN PLAYER（三味線奏者）」と全体に印刷による記載がある。
写真家名：撮影者不詳
撮影日：1890 年代頃（1896 年以前）
素材タイプ：鶏卵紙に手彩色、9.2 × 9.3 cm（イメージサイズ）；11.9 × 10.6 cm（全体サイズ）
寄贈者：1896 年にピット・リヴァース博物館が購入、購入元は不明。

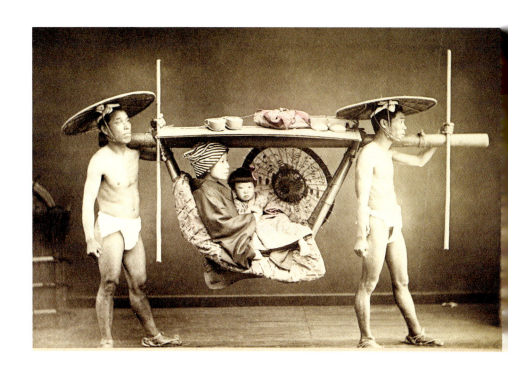

駕籠かき
女性と子どもを駕籠に乗せて担いでいる2人の男のスタジオ写真。わずかに手彩色による彩りがある。「Japan（日本）」と記された札が付帯する。
写真家名：撮影者不詳
撮影日：1890年代頃
素材タイプ：鶏卵紙に手彩色、9.1 × 14.0 cm（イメージサイズ）；24.7 × 28.7 cm（全体サイズ）
寄贈者：1939年にオックスフォード大学人体解剖学部よりピット・リヴァース博物館に寄贈。

煙管を吸う女
煙管を手に「日下部」の名の入った半被を纏う若い日本人女性。このことから、金兵衛写真館で制作された商業的なポートレイトであることがわかる。なお、かむる手ぬぐいには「凮月堂」の文字が見える。
写真家名：日下部金兵衛写真館（横浜）
撮影場所：神奈川県横浜市
撮影日：1890年代頃
素材タイプ：鶏卵紙、15.9 × 11.0 cm（イメージサイズ）；18.3 × 26.5 cm（全体サイズ）
寄贈者：1939年にオックスフォード大学人体解剖学部よりピット・リヴァース博物館に寄贈。

ピット・リヴァース・コレクション

鎧姿のハーバート・サミュエル・トムス I
全身を覆う日本の鎧を身につけて立っているハーバート・サミュエル・トムス。ラッシュモアのピット・リヴァース将軍の領地近く、クランボーン・チェイスにあるトラード・ロイヤル村のキング・ジョンズ・ハウスの外で撮影されている。
写真家名：ハロルド・セント・ジョージ・グレイ
撮影場所：イギリス、ウィルトシャー州、トラード・ロイヤル
撮影日：1895 年
素材タイプ：ゼラチンシルバープリント、17.4 × 11.2 cm（イメージサイズ）；25.4 × 20.4 cm（全体サイズ）
寄贈者：1970 年にディヴァイザズ博物館（現・ウィルトシャー博物館）の F・ケン・アナベルよりピット・リヴァース博物館に寄贈。

鎧姿のハーバート・サミュエル・トムスⅡ
全身を覆う日本の鎧を身につけて立っている、ハーバート・サミュエル・トムスのポートレイト。
写真家名：撮影者不詳
撮影場所：イギリス
撮影日：1895 年
素材タイプ：ゼラチンシルバープリント、15.5 × 10.4 cm（イメージサイズ）；25.4 × 20.3 cm（全体サイズ）
寄贈者：1970 年にディヴァイザズ博物館（現・ウィルトシャー博物館）の F・ケン・アナベルよりピット・リヴァース博物館に寄贈。

初荷の行列
収穫した新絹を運ぶ車を囲んで行列をなしている男たちと、それを眺める大勢の人々。鉛筆で「3 Jan[uar]y bringing in silk（1月3日、絹を運び込む）」と注記がある。
写真家名：ジョン・コール・ハートランド
撮影場所：神奈川県横浜市
撮影日：1899年頃
素材タイプ：ゼラチンシルバープリント、9.5 × 11.6 cm（イメージサイズ）；26.2 × 32.6 cm（収録アルバムのページサイズ）
寄贈者：1990年にアシュモレアン博物館（東洋美術部門）よりピット・リヴァース博物館に寄贈。

潮干狩り

女性と少年が海辺で潮干狩りをしている。遠くには、たくさんの洋式船が見えている。手前に下駄が並ぶのを見ても、人々が貝拾いに興じる熱意が感じられる。

写真家名:ジョン・コール・ハートランド
撮影日:1899年頃
素材タイプ:ゼラチンシルバープリント、9.5×11.6 cm(イメージサイズ);26.2×32.6 cm(収録アルバムのページサイズ)
寄贈者:1990年にアシュモレアン博物館(東洋美術部門)よりピット・リヴァース博物館に寄贈。

酉の市
酉の市で子どもたちが縁起ものの熊手を眺める。子どもたちの和服と熊手を売っている男の帽子・手に持つ煙管やその装束の組み合わせが明治らしさを感じさせる。
写真家名：ジョン・コール・ハートランド
撮影日：1899年頃
素材タイプ：ゼラチンシルバープリント、9.5 × 11.6 cm（イメージサイズ）; 26.2 × 32.6 cm（収録アルバムのページサイズ）
寄贈者：1990年にアシュモレアン博物館（東洋美術部門）よりピット・リヴァース博物館に寄贈。

収穫する女性たち
水田で稲を収穫している女性たち。幼児を背負う男児がレンズを見据えており、すでに写真というものを理解していることがわかる。
写真家名：ジョン・コール・ハートランド
撮影日：1899 年頃
素材タイプ：ゼラチンシルバープリント、9.5 × 11.6 cm（イメージサイズ）；26.2 × 32.6 cm（収録アルバムのページサイズ）
寄贈者：1990 年にアシュモレアン博物館（東洋美術部門）よりピット・リヴァース博物館に寄贈。

稲扱き
木製の道具や装置を使って収穫した稲穂を扱いている少女たち。鉛筆で「Combing rice(稲扱き)」と注記がある
写真家名:ジョン・コール・ハートランド
撮影日:1899年頃
素材タイプ:ゼラチンシルバープリント、9.5 × 11.6 cm(イメージサイズ);26.2 × 32.6 cm(収録アルバムのページサイズ)
寄贈者:1990年にアシュモレアン博物館(東洋美術部門)よりピット・リヴァース博物館に寄贈。

茶壺と少年

刷毛を使って「山城宇治」と書かれた茶箱の底を貼っている少年。背後の建物には、大きな茶壺と同じ箱がたくさん積み上げられている。
写真家名：ジョン・コール・ハートランド
撮影日：1899年頃
素材タイプ：ゼラチンシルバープリント、9.5 × 11.6 cm（イメージサイズ）；26.2 × 32.6 cm（収録アルバムのページサイズ）
寄贈者：1990年にアシュモレアン博物館（東洋美術部門）よりピット・リヴァース博物館に寄贈。

中庭で撮られた、茶の入ったふるいや笊を手にした男性5人
茶の製造過程で、収穫後の茶葉を転がしているところである。
写真家名：ジョン・コール・ハートランド
撮影日：1899年頃
素材タイプ：ゼラチンシルバープリント、9.5 × 11.6 cm（イメージサイズ）；26.2 × 32.6 cm（収録アルバムのページサイズ）
寄贈者：1990年にアシュモレアン博物館（東洋美術部門）よりピット・リヴァース博物館に寄贈。

玉繭の選り分け
4人の女性が座卓に座り、絹糸収穫の工程である玉繭の選り分けを行っている。鉛筆で
「Sorting (silk)（絹の選り分け）」と注記がある。
写真家名：ジョン・コール・ハートランド
撮影日：1899 年頃
素材タイプ：ゼラチンシルバープリント、9.5 × 11.6 cm（イメージサイズ）；26.2 × 32.6 cm（収録アルバムのページサイズ）
寄贈者：1990 年にアシュモレアン博物館（東洋美術部門）よりピット・リヴァース博物館に寄贈。

絹糸紡ぎ
工場の内観。二列に並んだ絹糸を紡ぐ機械の前に、数人の女性が立っている。鉛筆で「Silk spinning（絹糸紡ぎ）」と注記がある。
写真家名：ジョン・コール・ハートランド
撮影日：1899年頃
素材タイプ：ゼラチンシルバープリント、9.5 × 11.6 cm（イメージサイズ）；26.2 × 32.6 cm（収録アルバムのページサイズ）
寄贈者：1990年にアシュモレアン博物館（東洋美術部門）よりピット・リヴァース博物館に寄贈。

亀戸天神の太鼓橋
亀戸天神の木製の太鼓橋を登っている人々。橋の急勾配にたじろぐ手前の女性の姿。
写真家名：ジョン・コール・ハートランド
撮影日：1899年頃
素材タイプ：ゼラチンシルバープリント、9.5 × 11.6 cm（イメージサイズ）；26.2 × 32.6 cm（収録アルバムのページサイズ）
寄贈者：1990年にアシュモレアン博物館（東洋美術部門）よりピット・リヴァース博物館に寄贈。

横浜弁天通り
横浜の商店街・弁天通に立ち並ぶ店の表に、たくさんの提灯と国旗が掲げられている。日本帝国陸軍の日章旗もあり、写真の右に写っている2つの軍旗には「大日本帝国陸軍萬歳」と書かれている。
写真家名：ジョン・コール・ハートランド
撮影場所：神奈川県横浜市
撮影日：1899年頃
素材タイプ：ゼラチンシルバープリント、9.5×11.6 cm（イメージサイズ）；26.2×32.6 cm（収録アルバムのページサイズ）
寄贈者：1990年にアシュモレアン博物館（東洋美術部門）よりピット・リヴァース博物館に寄贈。

和船
港に停泊する和船。東アジアや東南アジアの貨物輸送に使われた典型的な船に類似した船である。
写真家名:ジョン・コール・ハートランド
撮影日:1899年頃
素材タイプ:ゼラチンシルバープリント、9.5 × 11.6 cm(イメージサイズ);26.2 × 32.6 cm(収録アルバムのページサイズ)
寄贈者:1990年にアシュモレアン博物館(東洋美術部門)よりピット・リヴァース博物館に寄贈。

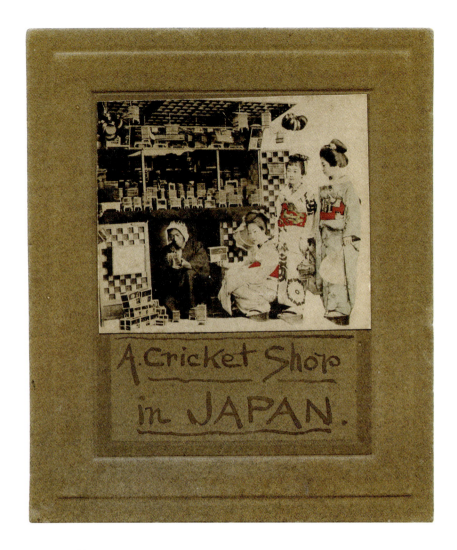

コオロギ売り

小さな木製の虫かごに入ったコオロギを売っている店の手彩色写真。手前には、着物を纏った3人の女性が配置されている。英語で、「A Cricket Shop in JAPAN（日本のコオロギ屋）」と題されている。写真は手作りのクリスマスカードに仕立てられており、「With all good wishes. Edward Lovett. X'mas 1905（ご多幸をお祈りしてます。エドワード・ラヴェット。1905年、クリスマス）」と書かれている。

写真家名：撮影者不詳
撮影日：1890年代頃（1905年以前）
素材タイプ：ゼラチンシルバープリントに手彩色、7.8 × 9.2 cm（イメージサイズ）；16.5 × 13.8 cm（全体サイズ）
寄贈者：1905年にエドワード・ロベットからヘンリー・バルファー氏に譲渡され、1939年にヘンリー・バルフォア氏がピット・リヴァース博物館に寄贈

慈照寺
手彩色によって彩られた銀閣寺として知られる、京都の慈照寺。水辺に子どもたちや高欄のある縁に人物を配することで、建築の大きさを示すように写されている。
写真家名：撮影者不詳
撮影場所：京都
撮影日：1900 年頃
素材タイプ：ゼラチンシルバープリントに手彩色、9.1 × 13.9 cm（イメージサイズ）
寄贈者：1996 年に S・チョーレイ夫人よりピット・リヴァース博物館に寄贈。

撮影日：1900 年頃
素材タイプ：ゼラチンシルバープリントに手彩色、9.1 × 13.9 cm（イメージサイズ）
寄贈者：1996 年に S・チョーレイ夫人よりピット・リヴァース博物館に寄贈。

八坂神社
手彩色によって彩られた京都の祇園・八坂神社の西楼門。電信柱や人力車が街の活気を伝えている。
写真家名：撮影者不詳
撮影場所：京都

家の前の家族
アイヌの人々の集合写真。当時日本領であった樺太のシエラコロ村の小屋の前で男性とその妻(左から2人目)と、女性や子どもたちが写っている(撮影時は日本領)。
写真家名:ブロニスラヴ・ピョートル・ピウスツキ
撮影場所:ロシア、サハリン、シエラロコ
撮影日:1902年〜1905年
素材タイプ:ゼラチンシルバープリント、11.6×15.8 cm(イメージサイズ):22.2×25.7 cm(収録アルバムのページサイズ)
寄贈者:1939年にオックスフォード大学人体解剖学部よりピット・リヴァース博物館に寄贈。

2人の男

アイヌの2人の男性のポートレイト。サハリン島のどの村出身かは不明。手描きの背景画を背に、椅子に座っている。右の男は、アイヌとニヴフ（Nivkh）の血をひく。2人の足下を見ると、人物がぶれないための首押さえの台座が写っている。
写真家名：ブロニスラヴ・ピョートル・ピウスツキ
撮影場所：ロシア、サハリン、相浜
撮影日：1902年〜1905年
素材タイプ：ゼラチンシルバープリント、12.4×12.0cm（イメージサイズ）；22.2×25.7 cm（収録アルバムのページサイズ）
寄贈者：1939年にオックスフォード大学人体解剖学部よりピット・リヴァース博物館に寄贈。

熊追い
たくさんのアイヌの男たちと、その手前には飾り付けられた茶色の熊がいる。当時日本領であった樺太のシエラコロ村で熊を送り返すアイヌのイオマンテ（熊追い）の写真。
写真家名：ブロニスラヴ・ピョートル・ピウスツキ
撮影場所：ロシア、サハリン、シエラロコ
撮影日：1902年～1905年
素材タイプ：ゼラチンシルバープリント、16.0×11.9（イメージサイズ）；22.2×25.7 cm（収録アルバムのページサイズ）
寄贈者：1939年にオックスフォード大学人体解剖学部よりピット・リヴァース博物館に寄贈。

熊追いの2人
当時日本領であった樺太のオタサンで2人のアイヌの男性が熊の毛皮などに囲まれて地面に座っている。アイヌのイオマンテ（熊追い）の写真。左手前の人物がレンズを見据えており、右手前の人物はブレてしまっていることからも自然な仕草を乾板で瞬間撮影していることがわかる。
写真家名：ブロニスラヴ・ピョートル・ピウスツキ
撮影場所：ロシア、サハリン、オタサン
撮影日：1902年〜1905年
素材タイプ：ゼラチンシルバープリント、11.6 × 15.8 cm（イメージサイズ）；22.2 × 25.7 cm（収録アルバムのページサイズ）
寄贈者：1939年にオックスフォード大学人体解剖学部よりピット・リヴァース博物館に寄贈。

三ツ沢貝塚の発掘
考古学者のニール・ゴードン・マンロー（左）と、労働者たち。三ツ沢貝塚発掘の際の写真で、「Prehistoric (neolithic) shell-mounds（先史時代［新石器時代］の貝塚）」と記された札が付帯する。
写真家名：撮影者不詳
撮影場所：神奈川県横浜市三ツ沢
撮影日：1905年頃
素材タイプ：ゼラチンシルバープリント、10.3 × 14.6 cm（イメージサイズ）；45.9 × 30.6 cm（全体サイズ）
寄贈者：1932年にヘンリー・バルフォアよりピット・リヴァース博物館に寄贈。

酒船石
巨大な岩のクロースアップ。深く彫られた溝の文様やうねが写っている。「Japan (Prehistoric)（日本 [先史時代]）」と記された札が付帯する。
写真家名：ニール・ゴードン・マンロー
撮影場所：奈良県明日香村
撮影日：1905 年頃
素材タイプ：ゼラチンシルバープリント、15.3 × 11.2 cm（イメージサイズ）；45.9 × 30.6 cm（全体サイズ）
寄贈者：1932 年にヘンリー・バルフォアよりピット・リヴァース博物館に寄贈。

亀石 I
平地の真ん中にある、彫刻が施された大きな（先史時代の）岩。「Frog stone（カエルの石）」と記載があるが、亀石として伝えられているものである。
写真家名：ニール・ゴードン・マンロー
撮影場所：奈良県明日香村
撮影日：1905 年頃
素材タイプ：ゼラチンシルバープリント、7.1 × 9.7 cm（イメージサイズ）；45.9 × 30.6 cm（全体サイズ）
寄贈者：1932 年にヘンリー・バルフォアよりピット・リヴァース博物館に寄贈。

亀石 II
亀石を背後から写したもの。
写真家名：ニール・ゴードン・マンロー
撮影場所：奈良県明日香村
撮影日：1905 年頃
素材タイプ：ゼラチンシルバープリント、7.2 × 9.7 cm（イメージサイズ）；45.9 × 30.6 cm（全体サイズ）
寄贈者：1932 年にヘンリー・バルフォアよりピット・リヴァース博物館に寄贈。

墓地遺跡と青年
ドルメン（先史時代の巨石遺跡・墓跡）の入口の横で、その大きさを示すように青年が地面に座っている。考古学的に重要な大和の墓地遺跡である。
写真家名：ニール・ゴードン・マンロー
撮影場所：奈良県明日香村
撮影日：1905 年頃
素材タイプ：ゼラチンシルバープリント、10.3 × 14.6 cm（イメージサイズ）；30.6 × 45.9 cm（全体サイズ）
寄贈者：1932 年にヘンリー・バルフォアよりピット・リヴァース博物館に寄贈。

石舞台古墳

スコットランドの考古学者、ニール・ゴードン・マンロー(中央)が日本人と共に石舞台古墳のドルメン(先史時代の巨石遺跡・墓跡)の頂上に立っている。「Dolmen at Shima-no-Sho, Yamato Province(島庄のドルメン、大和地方)」という記載が添えられている。
写真家名:撮影者不詳
撮影場所:奈良県島庄
撮影日:1905年頃(1911年以前)
素材タイプ:ゼラチンシルバープリント、9.6 × 14.2 cm(イメージサイズ);30.6 × 45.9 cm(全体サイズ)
寄贈者:1932年にヘンリー・バルフォアよりピット・リヴァース博物館に寄贈。

土偶
考古学者のニール・ゴードン・マンローが発掘した土偶。「Neolithic [i.e. Jomon] period. from Residential sites（新石器［縄文］時代、居住地域から）」と記された札が付帯する。
写真家名：ニール・ゴードン・マンロー
撮影日：1905 年頃
素材タイプ：ゼラチンシルバープリント、9.6 × 14.6 cm（イメージサイズ）; 30.6 × 45.9 cm（全体サイズ）
寄贈者：1932 年にヘンリー・バルフォアよりピット・リヴァース博物館に寄贈。

遮光器土偶
ニール・ゴードン・マンローが発掘した遮光器土偶。縄文時代のもので、マンローが出版した『先史時代の日本（Prehistoric Japan）』（1908年）のなかで発表している。
写真家名：ニール・ゴードン・マンロー
撮影日：1905年頃（1908年以前）
素材タイプ：ゼラチンシルバープリント、9.5 × 7.2 cm（イメージサイズ）；30.6 × 45.9 cm（全体サイズ）
寄贈者：1932年にヘンリー・バルフォアよりピット・リヴァース博物館に寄贈。

縄文土器
高島コレクション（高島多米治の収集した、現在の下郷コレクション）の陶器。縄文時代のもの。
写真家名：ニール・ゴードン・マンロー
撮影日：1905 年頃
素材タイプ：ゼラチンシルバープリント、9.8 × 14.5 cm（イメージサイズ）；45.9 × 30.6 cm（全体サイズ）
寄贈者：1932 年にヘンリー・バルフォアよりピット・リヴァース博物館に寄贈。

壺

考古学者のニール・ゴードン・マンローが発掘した、高さのある花瓶または壺。「Intermediate pottery. Associated with Yamato culture as sepulchral ware.(大和の遺跡に埋まっていた硬質陶器)」と記された札が付帯する。
写真家名：ニール・ゴードン・マンロー
撮影日：1905年頃（1908年以前）
素材タイプ：ゼラチンシルバープリント、11.3×8.4 cm（イメージサイズ）；45.9×30.6 cm（全体サイズ）
寄贈者：1932年にヘンリー・バルフォアよりピット・リヴァース博物館に寄贈。

埴輪
東京帝国大学の所蔵品の、ビーズの首飾りをつけた埴輪。「Yamato [i.e. Kofun] period（大和［古墳］時代）」と記された札が付帯する
写真家名：ニール・ゴードン・マンロー
撮影日：1905年頃（1908年以前）
素材タイプ：ゼラチンシルバープリント、15.5 × 10.8 cm（イメージサイズ）；45.9 × 30.6 cm（全体サイズ）
寄贈者：1932年にヘンリー・バルフォアよりピット・リヴァース博物館に寄贈。

剣の柄頭
ニール・ゴードン・マンローが発掘した金属器。「Decoration of a pommel(剣の柄頭の装飾)」と記述があり、左側にはつながった形のブロンズ製矢尻が写っている。「Yamato culture(大和文明)」と記された札が付帯する。
写真家名:ニール・ゴードン・マンロー
撮影日:1905年頃(1908年以前)
素材タイプ:ゼラチンシルバープリント、15.3 × 10.4 cm(イメージサイズ);45.9 × 30.6 cm(全体サイズ)
寄贈者:1932年にヘンリー・バルフォアよりピット・リヴァース博物館に寄贈。

古墳時代の副葬品
ニール・ゴードン・マンローが発掘した副葬品。「Pedestal（台座）」との記載がある。現在はスコットランド国立博物館に所蔵されている。
写真家名：ニール・ゴードン・マンロー
撮影日：1905年頃（1908年以前）
素材タイプ：ゼラチンシルバープリント、15.0 × 7.4 cm（イメージサイズ）；45.9 × 30.6 cm（全体サイズ）
寄贈者：1932年にヘンリー・バルフォアよりピット・リヴァース博物館に寄贈。

古墳時代の陶器
ニール・ゴードン・マンローが発掘した素焼の花瓶。大和遺跡の副葬陶器。
写真家名：ニール・ゴードン・マンロー
撮影日：1905年頃（1908年以前）
素材タイプ：ゼラチンシルバープリント、11.4 × 6.9 cm（イメージサイズ）；45.9 × 30.6 cm（全体サイズ）
寄贈者：1932年にヘンリー・バルフォアよりピット・リヴァース博物館に寄贈。

竪穴式住居

屋根のついた竪穴式住居。小枝や藁でつくっている途中の写真。
写真家名:ニール・ゴードン・マンロー
撮影日:1905年頃(1908年以前)
素材タイプ:ゼラチンシルバープリント、10.0 × 14.4 cm(イメージサイズ);45.9 × 30.6 cm(全体サイズ)
寄贈者:1932年にヘンリー・バルフォアよりピット・リヴァース博物館に寄贈。

アイヌの建築物
倉庫であると思われるアイヌの建築物。背後にもいくつかの建物が見える。
写真家名:ニール・ゴードン・マンロー
撮影場所:北海道
撮影日:1905年頃
素材タイプ:ゼラチンシルバープリント、10.5 × 14.8 cm(イメージサイズ);45.9 × 30.6 cm(全体サイズ)
寄贈者:1932年にヘンリー・バルフォアよりピット・リヴァース博物館に寄贈。

人力車と車力
人力車の車力が客を迎えにきたところ。現在では観光にしか使われない人力車だが、当時は生活の一部として使用されていたことを示す貴重な写真である。
写真家名：ニール・ゴードン・マンロー
撮影日：1905 年頃
素材タイプ：ゼラチンシルバープリント、7.2 × 10.0 cm（イメージサイズ）；45.9 × 30.6 cm（全体サイズ）
寄贈者：1932 年にヘンリー・バルフォアよりピット・リヴァース博物館に寄贈。

九段の市
東京の九段の店や屋台を行き交う人々。派手な日本の提灯や、たくさんの看板や旗が写っている。鉛筆で「Kudan Fair（九段の市）」と注記がある。
写真家名：ヘンリー・エドワード・レイヴァー
撮影場所：東京
撮影日：1908 年
素材タイプ：ゼラチンシルバープリント、9.4 × 12.0 cm（イメージサイズ）
寄贈者：1964 年にコルチェスター・エセックス博物館（現・コルチェスター博物館）よりデイヴィッド・ティアウィット＝ドレイク・クラーク経由でピット・リヴァース博物館に寄贈。

九段の相撲
東京の九段で、相撲の試合を見ている大勢の人々。鉛筆で「Wrestling at Kudan（九段の相撲）」と注記がある。
写真家名：ヘンリー・エドワード・レイヴァー
撮影場所：東京
撮影日：1908年
素材タイプ：ゼラチンシルバープリント、9.3 × 11.9 cm（イメージサイズ）
寄贈者：1964年にコルチェスター・エセックス博物館（現・コルチェスター博物館）よりデイヴィッド・ティアウィット＝ドレイク・クラーク経由でピット・リヴァース博物館に寄贈。

皇城の石垣
皇城の石垣。鉛筆で「City Wall（城壁）」と注記がある。
写真家名：ヘンリー・エドワード・レイヴァー
撮影場所：東京
撮影日：1908年
素材タイプ：ゼラチンシルバープリント、9.4×11.9 cm（イメージサイズ）
寄贈者：1964年にコルチェスター・エセックス博物館（現・コルチェスター博物館）よりデイヴィッド・ティアウィット＝ドレイク・クラーク経由でピット・リヴァース博物館に寄贈。

名古屋城
石垣越しの名古屋城天守。
写真家名：ヘンリー・エドワード・レイヴァー
撮影場所：愛知県名古屋市
撮影日：1908 年
素材タイプ：ゼラチンシルバープリント、11.8 × 9.2 cm（イメージサイズ）
寄贈者：1964 年にコルチェスター・エセックス博物館（現・コルチェスター博物館）よりデイヴィッド・ティアウィット＝ドレイク・クラーク経由でピット・リヴァース博物館に寄贈。

遍路の男
鈴と錫杖を手にして立っている、霊場を回る遍路の男。
写真家名:ヘンリー・エドワード・レイヴァー
撮影場所:大阪市
撮影日:1908年
素材タイプ:ゼラチンシルバープリント、12.0 × 9.7cm(イメージサイズ)
寄贈者:1964年にコルチェスター・エセックス博物館(現・コルチェスター博物館)よりデイヴィッド・ティアウィット=ドレイク・クラーク経由でピット・リヴァース博物館に寄贈。

ピット・リヴァース・コレクション

大坂城西の丸坤（ひつじさる）櫓
大坂城の石垣と櫓。
写真家名：ヘンリー・エドワード・レイヴァー
撮影場所：大阪市
撮影日：1908 年頃
素材タイプ：ゼラチンシルバープリント、9.4 × 11.9 cm（イメージサイズ）
寄贈者：1964 年にコルチェスター・エセックス博物館（現・コルチェスター博物館）よりデイヴィッド・ティアウィット＝ドレイク・クラーク経由でピット・リヴァース博物館に寄贈。

大坂城西の丸坤櫓と乾(いぬい)櫓
大坂城の石垣と櫓。手前が坤櫓、その奥に乾櫓が写っている。
写真家名:ヘンリー・エドワード・レイヴァー
撮影場所:大阪市
撮影日:1908年
素材タイプ:ゼラチンシルバープリント、9.3 × 12.0 cm(イメージサイズ)
寄贈者:1964年にコルチェスター・エセックス博物館(現・コルチェスター博物館)よりデイヴィッド・ティアウィット=ドレイク・クラーク経由でピット・リヴァース博物館に寄贈。

大坂城城壁
大坂城の城壁の2つの櫓。右側には工場の煙突が何本か写っている。
写真家名：ヘンリー・エドワード・レイヴァー
撮影場所：大阪市
撮影日：1908年
素材タイプ：ゼラチンシルバープリント、9.4 × 11.9 cm（イメージサイズ）
寄贈者:1964年にコルチェスター・エセックス博物館（現・コルチェスター博物館）よりデイヴィッド・ティアウィット＝ドレイク・クラーク経由でピット・リヴァース博物館に寄贈。

道頓堀
大阪の中心地・難波の娯楽街として知られる道頓堀の人々。「Theatre St[reet]（劇場街）」と注記がある。
写真家名：ヘンリー・エドワード・レイヴァー
撮影場所：大阪市
撮影日：1908 年
素材タイプ：ゼラチンシルバープリント、9.2 × 12.0 cm（イメージサイズ）
寄贈者：1964 年にコルチェスター・エセックス博物館（現・コルチェスター博物館）よりデイヴィッド・ティアウィット＝ドレイク・クラーク経由でピット・リヴァース博物館に寄贈。

ちょんまげ姿の男
奈良の道を往く人々。背後には、建物や人力車が写っている。
写真家名:ヘンリー・エドワード・レイヴァー
撮影場所:奈良市
撮影日:1909 年
素材タイプ:ゼラチンシルバープリント、9.4 × 15.9 cm(イメージサイズ)
寄贈者:1964 年にコルチェスター・エセックス博物館(現・コルチェスター博物館)よりデイヴィッド・ティアウィット゠ドレイク・クラーク経由でピット・リヴァース博物館に寄贈。

唐津くんち

「唐津くんち」として知られる、毎年11月に開催される唐津の祭りに集まっている人々。写真の中心には、大きな曳山が3台写っている。
写真家名:ヘンリー・エドワード・レイヴァー
撮影場所:佐賀県唐津市
撮影日:1909年
素材タイプ:ゼラチンシルバープリント、8.9 × 12.3 cm(イメージサイズ)
寄贈者:1964年にコルチェスター・エセックス博物館(現・コルチェスター博物館)よりデイヴィッド・ティアウィット=ドレイク・クラーク経由でピット・リヴァース博物館に寄贈。

唐津城遠望
干潮の松浦川。遠くに唐津城が見える。「Castle（城）」と注記がある。
写真家名：ヘンリー・エドワード・レイヴァー
撮影場所：佐賀県唐津市
撮影日：1909 年
素材タイプ：ゼラチンシルバープリント、8.8 × 12.2 cm（イメージサイズ）
寄贈者：1964 年にコルチェスター・エセックス博物館（現・コルチェスター博物館）よりデイヴィッド・ティアウィット＝ドレイク・クラーク経由でピット・リヴァース博物館に寄贈。

唐津城石垣
唐津城の石垣の一部。
写真家名：ヘンリー・エドワード・レイヴァー
撮影場所：佐賀県唐津市
撮影日：1909年
素材タイプ：ゼラチンシルバープリント、9.2 × 12.1 cm（イメージサイズ）
寄贈者：1964年にコルチェスター・エセックス博物館（現・コルチェスター博物館）よりデイヴィッド・ティアウィット＝ドレイク・クラーク経由でピット・リヴァース博物館に寄贈。

石炭運び
唐津港に停泊しているチャイナ . ナビゲーション・カンパニーの貨物船 S..S. Kashing 号に、籠で石炭を小船から運び込んでいる女性たちの列。
写真家名：ヘンリー・エドワード・レイヴァー
撮影場所：佐賀県唐津市
撮影日：1909 年
素材タイプ：ゼラチンシルバープリント、9.2 × 12.0 cm（イメージサイズ）
寄贈者：1964 年にコルチェスター・エセックス博物館（現・コルチェスター博物館）よりデイヴィッド・ティアウィット＝ドレイク・クラーク経由でピット・リヴァース博物館に寄贈。

停泊中の帆船
唐津港に停泊している、大型の輸送帆船。
写真家名:ヘンリー・エドワード・レイヴァー
撮影場所:佐賀県唐津市
撮影日:1909年
素材タイプ:ゼラチンシルバープリント、9.4 × 12.0 cm(イメージサイズ)
寄贈者:1964年にコルチェスター・エセックス博物館(現・コルチェスター博物館)よりデイヴィッド・ティアウィット=ドレイク・クラーク経由でピット・リヴァース博物館に寄贈。

鎌倉大仏

鎌倉の高徳院の大仏の前で撮影されたアルフレッド・アーネスト・ディキンソンとその妻のシセリー・フランセス・ディキンソン、18歳の娘イーニッド・メイ・ディキンソンの家族写真。左の灯籠の脇に写る日本人女性は侍女だろうか。
写真家名：日下部金兵衛スタジオ（横浜）
撮影場所：神奈川県鎌倉市
撮影日：1909年
素材タイプ：ゼラチンシルバープリント、28.6 × 24.1 cm（イメージサイズ）
寄贈者：1989年にC・メアリー・ジュエル＝ジャンセンよりピット・リヴァース博物館に寄贈。

鎌倉大仏（部分）

日英博覧会のアイヌ
北海道から来た2人のアイヌの女性が、大きな木製の壺で食べ物をついている。その後ろには男性が立っている。1910年にロンドンのシェーパーズブッシュのホワイトシティで開催された日英博覧会で撮影された。
写真家名：撮影者不詳
撮影場所：イギリス、ロンドン
撮影日：1910年
素材タイプ：ゼラチンシルバープリント、15.1 × 20.3 cm（イメージサイズ）；30.6 × 45.9 cm（全体サイズ）
寄贈者：1910年にロウランド・リーよりピット・リヴァース博物館が購入。

アイヌの村
アイヌの村の家々。手前には道あるいは轍が見える。
写真家名:レナード・ハルフォード・ダドリー・バクストン
撮影場所:北海道
撮影日:1922年
素材タイプ:アセテートフィルムネガ 9.4 × 12.0 cm(ネガサイズ)
寄贈者:1925年にレナード・ハルフォード・ダドリー・バクストンよりピット・リヴァース博物館に寄贈。

挨拶する2人

アイヌの村の家々。写真の中央には『The Ainu of Japan(日本のアイヌ)』(1892)の著者でイギリスの宣教師・学者でもあるジョン・バチェラーが、アイヌの男性に挨拶をしているのが写っている。
写真家名：レナード・ハルフォード・ダドリー・バクストン
撮影場所：北海道
撮影日：1922年
素材タイプ：アセテートフィルムネガ 9.4 × 12.0 cm (ネガサイズ)
寄贈者：1925年にレナード・ハルフォード・ダドリー・バクストンよりピット・リヴァース博物館に寄贈。

アイヌ村の集合写真
アイヌの村の外れの道に立っている6人の集合写真。イギリスの宣教師ジョン・バチェラー(右)も写っている。
写真家名：レナード・ハルフォード・ダドリー・バクストン
撮影場所：北海道
撮影日：1922年
素材タイプ：アセテートフィルムネガ 9.4×12.0 cm (ネガサイズ)
寄贈者：1925年にレナード・ハルフォード・ダドリー・バクストンよりピット・リヴァース博物館に寄贈。

河口湖の湖畔に繋がれたボート
手前には人々が、遠くには山々が写っている。
写真家名:レナード・ハルフォード・ダドリー・バクストン
撮影場所:山梨県河口湖
撮影日:1922年
素材タイプ:アセテートフィルムネガ、9.4 × 12.0 cm(ネガサイズ)
寄贈者:1925年にレナード・ハルフォード・ダドリー・バクストンよりピット・リヴァース博物館に寄贈。

レディ・ノーサンプトンと日本人
ノーサンプトンと、大きな荷を背負った2人の日本人の使用人が立っている。
写真家名:レナード・ハルフォード・ダドリー・バクストン
撮影日:1922年
素材タイプ:アセテートフィルムネガ 12.0 × 9.4 cm(ネガサイズ)
寄贈者:1925年にレナード・ハルフォード・ダドリー・バクストンよりピット・リヴァース博物館に寄贈。

オックスフォード大学所蔵の日本関係初期写真について

三井圭司　東京都写真美術館学芸員

　所蔵の写真群一点一点が如何に雄弁に幕末から明治期の日本を語るかについては、本書の図版をご覧戴きたい。また、これらの写真群がオックスフォード大学に所蔵されていたことは、近年まで日本で知られていなかった。これらの写真群は、英国内の最高学府で密やかにしかし雄弁に、この時代の日本について語り続けていたのである。もしも写真群に意志があるなら、本書によって凱旋を果たす彼らは、さぞ誇らしく感じていることだろう。
　さて、本書はフィリップ・グローヴァー氏を通して、これらの写真群が語られている。グローヴァー氏は、オックスフォード大学ピット・リヴァース博物館（以下、PRM）の初期写真は実に雄弁である。オックスフォード大学ピット・リヴァース博物館（以下、PRM）

　ロンドンのパディントン駅から電車で約一時間の距離にオックスフォードは位置している。十二世紀からすでにその存在が記述され、十三世紀の建物が現在でも残る大学である。日本でいえば、鎌倉時代初期から存続していると考えると、歴史の深さに舌を巻くのではないだろうか。この大学の歴史のまえでは、一八三九年に産声を上げた写真など、言葉すら覚えていない赤子のようなものかも知れない。しかし、実際

田中光儀（廉太郎）像
撮影者：ジャック＝フィリップ・ポトー
制作年：1864年
素材技法：鶏卵紙
所蔵：東京都写真美術館

まずPRM日本関係写真コレクションの要ともいえるポトーの作品について、本書20ページから42ページを参照いただきたい。

横浜鎖港談判を目的に、文久三年十二月二十九日から元治元年七月二十二日にかけて（一八六四年二月六日～八月二十三日）、幕府がフランスに派遣した外交団である彼らがパリに訪れた際に撮影された写真群である。これらの写真は正面からと横からの二枚組で制作された肖像写真のシリーズと全身像のシリーズとに大別できる。東京都写真美術館もフィリップ・ポトーが撮影した肖像を寄託作品として管理している。しかし、撮影者が明確にポトーとなったのは、比較的最近のことであり、グローヴァー氏の指摘を受けて再検討した結果、判明したことである。上の作品は東京都写真美術館に収蔵される以前からナダール（Nadar, 1820～1910）の制作だと実は考えられていた。本作は全体に貼られた鶏卵紙を用いた写真だが、制作者の記載がない。198ページに示した第一回遣欧使節の集合写真や池田長発像をはじめ、ナダールは多くの遣欧使節を撮影している。ナダールは十九世紀を代表

筆者がグローヴァー氏を知ったのは、ジャック＝フィリップ・ポトー氏に関する調査で彼が日本を訪れた二〇一一年だから、五年ほどのつきあいになる。

ット・リヴァース博物館で、写真だけでなく手記や写本などの文献資料も担当する学芸員である。

第一回遣欧使節団集合写真
撮影者：ナダール
制作年：1862年（後年のプリントより）
素材技法：鶏卵紙
所蔵：東京都写真美術館

する肖像写真家であり、ナポレオン三世の斡旋で使節団が彼の元を訪れたことも知られている。また、背景や小道具を使わず、人物の精神性を引き出すポートレイトで知られる。東京都写真美術館では池田長発の肖像写真をはじめ、九枚のオリジナルプリントを収蔵している。

また、スードルプリントと呼ばれる二十世紀末期にオリジナルの原板から新たにプリントされて販売されたシリーズも存在する。第一回遣欧使節の集合写真である上の写真も、このうちの一点である。

一方、ポトーについては正面と横からの二枚組のバストショットが著名である。像主の田中光儀は遣欧使節団に加わって渡欧したことは判っており、写真の出自は像主のご遺族である。おそらく全身像で無背景であることを論拠にナダールの制作と認識されていたと考えられる。幕末期において多くの写真がオリジナルのネガを用いて販売されたことも、近年に幕末の写真がオリジナルのネガを用いた制作へと誘引し、バストショットでなく横顔の写真もなかったことがポトーから遠ざけたと

考えられる。

しかし、グローヴァー氏の指摘に基づいて、30ページに収録されているPRM収蔵の作例と197ページの通り照合すると、先ずプリントの大きさがほぼ同じであり、単に衣裳が同じというだけでなく、椅子やカーペットも同一であるだけでなく、椅子やカーペットの間に見える首押さえの形状も同一であることが判った。このため、現在は本作の制作者をポトーに改めている。

ところで、ジャック＝フィリップ・ポトー（Jacques-Philippe Potteau, 1807〜1876）が制作した遣欧使節団の肖像写真に関するポートフォリオは、パリのフランス国立図書館（Bibliothèque nationale de France）に収蔵されているものについては比較的知られているものの、オックスフォードのピット・リヴァース博物館が所蔵していることは、長らく知られていなかった。フランス国立図書館はポトーが帰属していた組織でもあり、彼が遣欧使節団を撮影したのであれば、収蔵されていることに何ら不思議はないといえる。一方、ポトーはオックスフォード大学との関係が深いとはいえない。また、仔細に

作品を調べると、ポトーの手になると思われる写真の説明だが、手書きではなく、石版画によって制作されていることが判った。これらによって、ポトーはフランス国立図書館に在籍中に一連の肖像を制作したことは事実だが、肖像写真のプリントを複数制作し、頒布していたことが想定される。

なお、遣欧使節の写真はポトーの他にも多くの写真家が撮影している。著名なのは先にも触れたナダールによるものである。また、幕末の日本を撮影したことで知られるフェリーチェ・ベアトの兄、アントニオ・ベアト（Antonio Beato,1832?〜1906）によるスフィンクスの前で撮影された写真（203ページ）も知られている。これは流通経済大学の三宅雪嶺記念資料館に収蔵されている。また、遣欧使節は香港に寄港することが多く、この地で活動していたアメリカ人写真家マーシャル・ミルトン・ミラー（Marshall Milton Miller,1830〜1899）による撮影も多い。200ページの写真は19ページに掲載されているPRM蔵のものと同時期に撮影されたと考えられる松平石見守康直像である。

タイトル：松平康直像
撮影者：マーシャル・ミルトン・ミラー・スタジオ
制作年：1862年頃素材技法：鶏卵紙
所蔵：長崎大学附属図書館
撮影地域：香港
色彩：モノクロ

これらの写真と比べると、ポトーの写真は異質である。まず、ポトーによる集合写真は未見である。また、背景や小道具を使わない点はナダールと同様だが、像主の緊張感が伝わる写真も少なくない。身長を示すスケールや手に自分の名前のプレートを持ってはいないが、犯罪者の記録写真との類似性に気づくのではないだろうか。しかし、十九世紀中葉において犯罪者をこのように撮影した記録はない。一八六〇年代の英国における犯罪記録に掲載されている写真は、正面か斜めから顔を写し、膝下あたりまでを捉えたものである。[9]

では、ポトーはなぜ遣欧使節をこのように捉えたのだろうか。ポトーは依頼を受けてさまざまな写真を撮影する写真家ではなく、写真技術を持った博物学者だと考えるほうが自然である。つまり、博物学的な観点に基づく分析的な視線で対象を捉え、対象を理解する方法として写真を利用した人物である。ポトーは写真という技術を使って、如何に人物の立体造形を把握するかを探究した結果として、彼はこの撮影方法を生み出したのである。この

撮影方法はポトー以前には行われていないと同時に、ポトーによるこの撮影方法は、民俗学研究における人物の捉え方として定型化したのである。このことは本書の56〜57ページの見開きで掲載されている「雑伎団のポートレイト」においても確認できる。ハンブルクのカール・ヴィクトル・ダーマン・スタジオにおいて、一八七〇年に撮影された彼らの写真は、まさにポトーの撮影方法を模倣し、雑伎団の人々を立体的に捉えることに成功している。

むしろ、二十世紀に入ってから、この延長線上で犯罪者を捕らえることにも応用されたのである。逆にいうなら、ポトーのこの方法が有益であったからこそ、社会正義を守るために把握しておくべき犯罪者の相貌を捉えるのに利用されたともいえるのである。

さて、本書はこのような海を渡った日本人の写真を皮切りに、着彩された鶏卵紙の美麗な日本の風景や風俗を集めたアルバムからの抜粋や、十九世紀末の日本の風景、二十世紀初頭のアイヌや土器・土偶の写真を集めている。これらを通観して、どのような感想を持たれただろ

うか。先に述べているように、一点一点が興味深い写真で構成されている。そして、本書の形で纏まりを持ったとき、写真単体ではそれぞれの持つ魅力に隠れて見えない「日本への探求心」という、所蔵者あるいは公開機関の一種むき出しともいえる渇望が感じられるように筆者には思える。どんな姿形の人が住み、どのようなものを着、日々どのように過ごすのか。その娯楽は？ルーツは？山は？海は？……。子どものようなバイタリティで日本という国を知りたい、理解したい、必死で情報をつかみ取ろうとした英国の人々の思いを感じる。

筆者が英国に行くと、石畳の街、何世紀も前につくられていまも現役で使われているビルに驚く。同じように、英国から友人が来ると、アスファルトの道、真新しい建物ばかりの街に驚いている。インターネットで世界中の情報が手に入る現在でも、そうなのである。十九世紀から二十世紀初頭であれば、いったいどれほどだったのだろう。それぞれの文化の違いも多く、情報の流通も少なく、人の往還もはるかに少ない。この時代において、本書に収録された写真

スフィンクスの前の第二回遣欧使節団
撮影者：アントニオ・ベアト
制作年：1864年
素材技法：鶏卵紙
所蔵：流通経済大学　三宅雪嶺記念資料館

の迫真性がどれだけ英国人の渇望に応えることができたかは判らない。ただ、初期写真を専門としている人間として、断言できることがある。PRMの初期写真は、僅かな擦れや、ときに書き込みがあるものの総じて状態が良い。むしろ、擦れているのは活用された証拠であり、書き込みはまさにそれである。それにもかかわらず状態が良いということは、これらの写真が大切にされてきた証である。それはおそらく、知を渇望する人々による正直な返礼であると筆者には思える。

この時代の日本だけでなく、海の向こうから探求心を向けた英国人たちにも思いを馳せてページをめくって戴けるなら、編者としてこのうえない喜びである。

［注］
（1）33ページの「すみ」については、画像ページの解説にもあるように、以前は使節の随伴者とも考えられたが、遣欧使節と関わりがないことが明確になっている。

（2）『日本最古の写真　写真鏡にポーズをとった幕臣の勇気』（『毎日グラフ』一九八四年一月二二日号、P74〜78）に本作が掲載されており、「パリでナダールが撮影した田中光儀と説明されている。なお、東京都写真美術館は一九九〇年にこの作品の管理を受託した。

（3）なお、ポトーの田中光儀像が共に約一八センチメートル×一二・五センチメートルであるのに対し、ナダールの池田長発像は二五・五センチメートル×一八センチメートルである。

（4）鶏卵紙によるプリントは、印画紙の感度が低いことから一般に引き伸ばしは行われず、コンタクトプリントによって印画されるため、撮影原板とプリントの大きさが同じ場合がほとんどである。つまり、プリントの大きさが異なるということは、カメラの大きさも異なるということを意味している。

（5）コロディオン湿板はISO感度で換算すると〇・一〜一（撮影直前に感光性を与えるため、諸条件によって揺らぎが生じる）と低いため、数秒間の露光時間を必要とする。このため、人物が動かないよう、首や腰を押さえる道具を使って肖像写真を撮影した。本作の場合、腰を下ろして撮影されているため、見えているのは首を押さえる道具と考えられる。

（6）フランス国立図書館のオリジナルは、小沢健志著『幕末　写真の時代』（一九九四、筑摩書房

(7) フィリップ・グローヴァー自身による「ジャック＝フィリップ・ポトーが撮った日本人」(『レンズが捉えた外国人カメラマンが見た幕末明治Ⅰ』、二〇一四年、山川出版社）が、日本にこの存在が紹介された最初であろう。

(8) 本作は遣欧使節の一員である田辺太一が日本に持ち帰った写真であることが知られる。なお、非常に類似した写真が横浜美術館にも収蔵されている。

(9) ベッドフォード公文書館（Bedfordshire Archives）には一八六一年の記載と写真が貼付されたUK（イギリス）最古の写真付き犯罪記録が保存されている。

レナード・ハルフォード・ダドリー・バクストン
Leonard Halford Dudley Buxton（1889—1939）
オックスフォード大学の身体的人類学の助教授に初めて就いた学者で、幅広い学術的興味を持っていた。1921 年にアルベール・カーンの渡航奨学生に選ばれ、翌年は日本と中国に数ヵ月滞在するなど、世界中を旅した。そのときのことを、バクストンは後に『The Eastern Road（東の道）』（1924 年）のなかで語っている。その旅で出会い、数日間を共に過ごした、北海道のアイヌの人々に混じって暮らしていた有名なイギリス人伝道者のジョン・バチェラー牧師について、彼らに「絶大な影響力を持っていた」と記している。これらの写真は、1922 年の旅の際にバクストンが撮ったものである。

外国人カメラマンのプロフィールⅡ

ブロニスラヴ・ピョートル・ピウスツキ
Bronisław Piotr Piłsudski（1866—1918）

ポーランドの人類学者。19世紀後半に、ロシア流刑囚としてサハリン島への流刑判決をきっかけにアイヌ原住民への人類学的関心を深めていった。ピウスツキはそのコミュニティーのなかで良く知られた存在となる。原住民の言葉を学び、土地の風習や伝統を録音し、記録で残した。それらは学者によって近年再評価され、ピウスツキの著したものは4冊組の「The Collected Works of Bronisław Piłsudski（ブロニスラヴ・ピウスツキ全集）」（1998-2011）として纏められた。ピウスツキの残したもののなかでもとりわけ重要なのは、"イヨマンテ"というアイヌの熊祭りの詳細な民族誌である。ピット・リヴァース博物館では、近年になってようやくラベルのないアルバムからこれらの写真が発見され、現存するピウスツキの数少ない貴重な資料となった。

ニール・ゴードン・マンロー
Neil Gordon Munro（1863—1942）

スコットランド人の医師で、1893年から横浜ゼネラルホスピタルの医長を務めた。医師としての仕事だけでなく、三ツ沢貝塚（1905-1906）を発掘した考古学者としても名を残した。調査をまとめた『先史時代の日本』（1908年、第一書房、英文、復刻版、1982年）は、重要かつ影響力のある書物となっている。晩年は北海道に住み、二風谷に医院を開いた。アイヌ先住民文化の忠実な支持者（誠実な理解者）として、マンローは今でもなお「アイヌの友人」として愛されている。マンローのコレクションは、スコットランド国立博物館や北海道博物館、大英博物館、ピット・リヴァース博物館など、さまざまな博物館が所蔵している。

ヘンリー・エドワード・レイヴァー
Henry Edward Laver（—1926）

チャイナ．ナビゲーション・カンパニーの商船の船長を長年務めた。その地域の商船の主要な航路を行き来した40年に渡る海上での勤めの間、ラヴェは東アジア沿岸の主要な港の多くを訪れ、同時に、時折鳥類学の研究に有用な情報を集めた。退職してからは故郷であるイギリスのコルチェスターに戻り、父や兄と同様、エセックス考古学協会の熱心な後援者となった。レイヴァーが1907年から1913年にかけて日本で撮影した写真は貴重な日本の記録であり、外からの視点で、当時の急速な社会的・経済的変化をも映し出している。

文／フィリップ・グローヴァー
Philip Grover

相当な数の写真がピット・リヴァース将軍に所有されていた。おそらく1878年にシュティルフリートがロンドンを訪れた際に、直接将軍に販売したものと思われ、少なくとも確実に1879年にはピット・リヴァース将軍の手元にあった。1879年から1884年の間に、これらの手彩色の写真はロンドンのサウス・ケンジントン博物館における「さまざまな人種の写真コレクション」で展示された。その後オックスフォードに移され、ピット・リヴァース博物館の創設コレクションの一部となったのである。

アドルフォ・ファルサーリ
Adolfo Farsari（1841—1898）
イタリアの写真家。ファルサーリが横浜に開いたFarsari & Co.は、草分け時代の、影響力のある外国人所有の写真スタジオとしては最後の写真スタジオであり、事業は大きな成功を収めていた。火事によって在庫写真の多くを失った後、ファルサーリは1886年に日本を横断し、新たに一連のネガを纏めた。それらの写真は、その後数年間にわたってスタジオの定番商品となり、日本が西洋に対し次第に国を開いていくなかで観光客や旅行者によって購入された。写真は高級品として、高度な技術を持った職人によって手で彩色されており、日本人を忠実に写し撮っているものとして宣伝された。「Views and Costumes of Japan（日本の風景と衣装）」と題されたピット・リヴァース博物館所蔵のファルサーリ・スタジオの写真集は、その最も良い例であり、豪華な装飾の表紙に最高級の手彩色を施した写真が綴じられている。

ジョン・コール・ハートランド
John Cole Hartland（1860—1905以降）
横浜のHunt Trading Company（ハント商事会社）でアシスタント・マネージャーとして茶の貿易を担当していた。1887年には、すでに日本に住んでおり、150枚以上の写真を日本国内で撮影した。後に私的に纏めた唯一のアルバムが、ピット・リヴァース博物館に所蔵されている。初期の土産写真の被写体を思い起こさせる部分もあるこれらの写真は、ハートランドの日本の伝統や人々の日常生活への強い関心だけでなく、職業的な興味、つまり農業や、茶、米、絹といった作物への注視をも克明に映し出している。横浜の「大火事」についての1枚も含めて考えると、19世紀末、おそらく1899年頃に撮られたと思われる。

外国人カメラマンのプロフィール I

ジャック＝フィリップ・ポトー
Jacques-Philippe Potteau（1807―1876）

ポトーは、パリの自然史博物館で技術的な役割を担う"助手"として勤務していたと記録が残っている。しかし、この職域を超えてパリ居住者、訪仏者を問わず、可能なかぎりあらゆる外国人の写真を撮影した。このなかには、第一回遣欧使節団（1862）や第二回遣欧使節団（1864）など、パリを訪れた日本の使節を撮影した写真が含まれている。科学的な目的から考案されたポトーの撮り方は、人種を理解するうえで模範であると評価され、ポトーを中心とするチームは、数十年の間に多くのプリントを制作し、他の博物館やコレクターと物々交換した。その好例がピット・リヴァース博物館所蔵のポートフォリオなのである。彼の写真は、纏まりとして複数制作されただけでなく、彼の撮影方法が人種を撮影するフォーマットとして探検隊に渡され、フランスの人類学の発展に貢献したのである。

カール・ヴィクトル・ダママン
Carl Victor Dammann（1819―1874）

写真家で、ドイツの港町ハンブルクにスタジオを構えていた。現在、彼の名は唯一の代表作である、ベルリンの人類学・エスノロジー・先史学協会が行った世界のいろいろな人種の記録を試みた科学的なプロジェクトによって知られている。プロジェクトの成果は、1873年から74年にかけて「Anthropologisch-Ethnologisches Album（人類学・民族学アルバム）」がドイツ語で分冊版として出版された後、ダーマンの死後1875年に「Ethnological Photographic Gallery of the Various Races of Men（多種多様な人種の民族学的写真ギャラリー）」と題した小さな英語版が出版された。1901年にピット・リヴァース博物館は、スタジオに残っていた数百もの鶏卵紙写真（重複を含む）およびガラス乾板をダーマン・エステートから購入した。1860年代または1870年代初頭に撮影された、これらの写真家たちの作品は現在ほとんど失われているため、大変重要なものである。

ライムント・フォン・シュティルフリート
Raimund von Stillfried（1839―1911）

オーストリア＝ハンガリーの写真家。日本の写真黎明期において最も重要かつ成功した写真スタジオを開いた人物である。西欧の客向けに、素晴らしい風景はもちろん、ポートレイト写真や類型研究（ジャンル・スタディ）＝模範的な人々など、横浜の外国人経営の写真スタジオで典型的な被写体を撮影していた。シュティルフリート・スタジオの

フィリップ・グローヴァー

オックスフォード大学卒業。ピット・リヴァース博物館写真部門学芸員、ロンドン大学史学研究所研究員を経て現職。広範囲にわたる書誌研究を行い、オックスフォード国書辞典(*Oxford Dictionary of National Biography*)の編纂にも関わる。近年の展覧会にジョン・ヒラーズ、キャロリン・ドレイク、マグナムのピーター・マロー等があり、広い視点から写真展を企画。共著に『アフリカのウィルフレッド・セシジャー (*Wilfred Thesiger in Africa*, 2010)』、『レンズが撮らえた　外国人カメラマンの見た幕末日本Ⅱ』山川出版社、2014年がある。(以下、詳細は16ページ参照)

三井圭司(みつい けいし)

昭和45年(1970)、東京生まれ。東京都写真美術館学芸員。日本大学博士課程満期退学。主要な研究テーマは19世紀写真史。主著は『写真の歴史入門―第1部「誕生」新たな視覚のはじまり―』(新潮社、2005年)。2007年より全国の初期写真調査を元にするシリーズ展「夜明けまえ 日本写真開拓史」を担当。「総集編」を2013年発行。共著『レンズが撮らえた　F・ベアトの幕末』2012年、『レンズが撮らえた　上野彦馬の世界』2012年、『レンズが撮らえた　150年前の日本』2013年、『レンズが撮らえた　外国人カメラマンの見た幕末日本Ⅰ』『レンズが撮らえた　外国人カメラマンの見た幕末日本Ⅱ』山川出版社、2014年、『レンズが撮らえた　19世紀英国』山川出版社、2016年ほか。

レンズが撮(と)らえた　オックスフォード大学所蔵(だいがくしょぞう)　幕末明治(ばくまつめいじ)の日本(にほん)

2017年2月20日　第1版第1刷印刷　　2017年2月28日　第1版第1刷発行

著　者　　フィリップ・グローヴァー
編　者　　三井圭司(みつい けいし)
発行者　　野澤伸平
発行所　　株式会社 山川出版社
　　　　　〒101-0047　東京都千代田区内神田1-13-13
　　　　　電話　03(3293)8131(営業)　03(3293)1802(編集)
　　　　　https://www.yamakawa.co.jp/
　　　　　振替　00120-9-43993
企画・編集　山川図書出版株式会社
印刷所　　半七写真印刷工業株式会社
製本所　　株式会社 ブロケード

© 山川出版社 2017　Printed in Japan　ISBN978-4-634-15106-2

・造本には十分注意しておりますが、万一、落丁・乱丁などがございましたら、小社営業部宛にお送りください。送料小社負担にてお取り替えいたします。
・定価はカバー・帯に表示してあります。